EDUCAR
JUGANDO

EDUCAR JUGANDO

Mavilo Calero Pérez

Alfaomega

Educar jugando
Edición original publicada por
© Editorial San Marcos, Lima, Perú.

Diseño e ilustración:
Ana Edith Hernández Velázquez

Al cuidado de la edición:
Martha Cupa León
Héctor Germán Asenjo

Producción:
Guillermo González Dorantes

© **2003 ALFAOMEGA GRUPO EDITOR, S.A. de C.V.**
Pitágoras 1139, Col. Del Valle, 03100 México, D.F.

Miembro de la Cámara Nacional de la Industria Editorial Mexicana
Registro No. 2317

Internet: **http://www.alfaomega.com.mx**
Correo electrónico: **ventas1@alfaomega.com.mx**

ISBN 970-15-0867-X

A los niños

Contenido

Dos   Antología de juegos según edades

Juegos para niños de cinco a siete años
(Preescolar y primero y segundo grados de primaria)

Juegos para niños de ocho a diez años
(Segundo a cuarto grados de primaria)

Juegos para niños de 10 a 12 años
(Cuarto y quinto grados de primaria)

Juegos para niños de 12 a 13 años
(Quinto y sexto grados de primaria)

Juegos para diversas edades

Tres   Antología de juegos por asignaturas

Juegos de reforzamiento del lenguaje

Juegos para el aprendizaje de las Ciencias Naturales

Juegos para el aprendizaje de las Ciencias Sociales

Juegos para la enseñanza de las Matemáticas

Juegos de psicomotricidad

Introducción

Mis experiencias estudiantiles y la teoría y práctica educativa docente, me han creado el interés por educar jugando. Tal interés, al verse reforzado y esclarecido con las vivencias de mis alumnos, hijos y nieta, me ha permitido tomar la decisión de escribir estas páginas, para abundar en la visión de nuestra educación infantil. Es así que con este aporte pretendo motivar el logro de los objetivos generales siguientes:

1. Utilizar los juegos en la escuela como medio de optimizar el aprendizaje de los niños.

2. Orientar el aprendizaje, la organización y la conducción de cada juego y la previsión de los medios para el mismo.

3. Inducir a la creación de nuevos juegos educativos, utilizando nuestro folclore, y a la recopilación de los juegos que los niños inventan.

Desde antaño me ha preocupado que ciertos profesores y centros educativos vean como superfluos, triviales e innecesarios los juegos infantiles. Sumidos en el tradicionalismo de la escuela, en el memorismo reinante y la rigidez de la escolarización, nunca dieron la importancia debida a las actividades lúdicas. Duele mucho la incomprensión de los padres y/o docentes. Incomoda ver a tantos niños hechos robots, muertos andantes, sin manifestación de alegría, ni vitalidad, cohibidos y privados de su derecho a vivir como niños. Al contrario, qué maravilloso es contemplar la espontaneidad del juego infantil, el matiz de sus fantasías, la gracia de sus palabras, gestos y acciones. Qué grato es auscultar a través de sus juegos su adaptabilidad al mundo circundante y la manifestación de su madurez biológica, psicológica, social y espiritual. Se evidencia su educabilidad, su potencial de desarrollo personal.

El enfoque que se hace en este libro corresponde a la etapa de escolarización en Educación Inicial y Educación Primaria. Hablar del juego es muy vasto, comprende una etapa preescolar y otra postescolar, que por su amplitud y nuestro interés en reforzar y mejorar las actividades escolares, las obvio. Asumo solamente los juegos de la etapa escolar.

Estos antecedentes, agregados a mi admiración a profesores, damas y caballeros, por sus dotes de excelentes educadores a través del juego, en diferentes circunstancias geográficas, temporales, laborales, etc., me han motivado, ahora, lejos de las aulas, jubilado, a reflexionar sobre estos quehaceres lúdicos en la escuela, y a coleccionar y seleccionar diversos juegos infantiles. Con estas modestas aportaciones a los profesores en servicio, a los estudiantes de educación y a los padres de familia, invito a comprender, orientar y reorientar las actividades lúdicas de los niños, en el noble propósito de educarlos con más armonía en sus peculiaridades y en la búsqueda de una mejor calidad educativa.

Educar jugando es mil veces más provechoso que educar reprimiendo, incuestionablemente. Es el modo como padres y profesores debemos educar al niño en un ambiente de auténtica Escuela Nueva, no adjetiva sino esencialmente sustantiva, donde prime la libertad, el respeto mutuo, la confianza, la reflexión, la creatividad, la cooperación, la socialización, la honestidad, la autonomía, la integralidad de la educación. Ya es época de dar fin a los vestigios de la educación opresora que sufren miles de niños en diversos países.

Educar jugando consta de tres capítulos. El primero, "Enfoque básico", encara lo que debe ser la educación infantil en función del juego, desde diferentes perspectivas, analiza diversas teorías sobre el juego. Realza el propósito educativo de las actividades lúdicas, a fin de que se tome conciencia de su importancia y se innove el quehacer escolar para darle un marco de afán formativo y librarle de estrecheces.

El segundo, "Antología de juegos por edades", presenta un conjunto de juegos clasificados por edades, en razón de sus peculiaridades específicas. Entre ellos expone con mayor amplitud y profundidad la clasificación de los juegos para niños de cinco a ocho años de edad, por su especial trascendencia en la vida escolar. Esa discriminación necesaria permitirá a padres y profesores entender mejor los rasgos específicos de cada caso, a fin de que puedan atender con acierto a los niños en función de sus necesidades o intereses personales y sociales.

El tercero, "Antología de juegos por asignaturas", presenta una variedad de juegos que deben utilizarse en cada línea de acción educativa o asignatura para hacer más atractivos y asequibles sus aprendizajes.

Al final, en "Tareas para el lector", plantea actividades que refuerzan y/o complementan el estudio de la vida lúdica de los niños.

Agradezco a los padres y profesores, con quienes hemos intercambiado criterios y experiencias sobre este tópico, y a mis lectores por brindarme generosamente la oportunidad de conjugar inquietudes sobre el particular, en aras de ofrecer una mejor educación a la niñez.

EL AUTOR

Uno
Enfoque básico

Educar jugando
es mil veces mejor
que educar reprimiendo

El juego

l juego nunca deja de ser una ocupación de principal importancia durante la niñez. La naturaleza implanta fuertes inclinaciones o propensiones al juego en todo niño normal, para asegurarse de que serán satisfechas ciertas necesidades básicas del desarrollo. La cultura dirige, restringe y reorienta estos impulsos lúdicos.

La vida de los niños es jugar, y juegan por instinto, por una fuerza interna que les obliga a moverse, a manipular, gatear, ponerse de pie, andar; prólogos del juego y del deporte que los disciplinan y permiten el disfrute pleno de su libertad de movimiento.

Ellos se revelan de la manera más clara, limpia o transparente en su vida lúdica. No juegan por mandato, orden o compulsión exterior, sino movidos por una necesidad interior, la misma clase de necesidad que hace que un gato persiga una pelota que rueda y que juegue con ella como lo haría con un ratón. El gatito no es un gato, y la pelota no es un ratón; pero en todas estas carreras juguetonas vemos un ejercicio preliminar de actividades heredadas de generaciones anteriores. Es una mezcla deleitosa del pasado, presente y futuro.

El juego de un niño posee cualidades análogas. Surge espontáneamente de incitaciones instintivas que representan necesidades evolutivas. Prepara para la madurez. Es un ejercicio natural y placentero de poderes en crecimiento. Nadie necesita enseñar a un niño a jugar. Incluso un bebé de pocas semanas sabe hacerlo. ¿Qué hace un bebé de tres meses con un tiempo libre? Practica todas sus capacidades en germen en los campos de la conducta motriz, de adaptación, lenguaje y personal-social. Sacude los brazos y flexiona las piernas (motriz); fija la mirada, con atención, en su mano cerrada (de adaptación); arrulla y balbucea (lenguaje); vocaliza al percibir el acercamiento de su madre (personal-social). Durante sus horas de vigilia, está incesantemente activo, jugando de una u otra forma. El juego es su ocupación.

A menudo, en los momentos de juego pone de manifiesto sus más agotadoras energías. Se concentra con todo su ser y adquiere satisfacciones emocionales que no puede obtener de otras formas de actividad. El juego profundamente absorbente es esencial para el crecimiento mental. Los niños capaces de sostener un juego intenso tienen mayor probabilidad de saber conducirse y llegar al éxito cuando hayan crecido.

El juego responde no sólo a la tendencia del niño, sino también a la imitación. En ese sentido es una fuente inagotable de aprendizaje y ensayo de vida. El niño que juega al carpintero, al herrero, al labrador, al bombero, al soldado, a la enfermera, al maestro, etc., se inicia en las actividades del adulto a modo de ensayo, tantea sus capacidades, investiga su vocación, empujado inconscientemente por una fuerza que desconoce, pero que no es menos existente por eso.

Durante el juego, el niño inicia gozosamente su trato con otros niños, ejercita su lenguaje hablado y mímico, desarrolla y domina sus músculos, adquiriendo conciencia de su utilidad, comprende las distancias y demás obstáculos que el medio físico opone a sus deseos. Se adapta al medio, encuentra oportunidades de probar cuánto puede hacer, recibe estímulo para vencer las dificultades, forma su carácter y contribuye a desarrollar su personalidad.

El juego es uno de los medios que tiene para aprender y demostrar que está aprendiendo. Es probable que es la forma de aprendizaje más creadora que tiene el niño. En ciertos casos es también la forma de descubrir nuevas realidades. Asimismo, del juego puede decirse que es un medio valioso para adaptarse al medio familiar o social. Por eso, no es prudente, en cualquier edad del niño, desalentar las tentativas que pretende realizar formulándole advertencias de "no hagas eso, te vas a lastimar", "no, eso es peligroso"... Es mejor animarlo proporcionándole lugares seguros, medios necesarios, consejos oportunos, directivas claras, etc.

El juego, también, debe verse como medio de socialización. Jugando, el niño conoce a otros niños y hace amistad con ellos, reconoce sus méritos, coopera y se sacrifica por el grupo, respeta los derechos ajenos, cumple las reglas del juego, vence dificultades, gana y pierde con dignidad. En esa perspectiva, el profesor y/o padre debe sugerir y participar en el juego. Sus intervenciones le permitirán ganar la confianza infantil.

El juego, como elemento educativo, influye en:

- el desarrollo físico,

- el desenvolvimiento psicológico,

- la socialización,

- el desarrollo espiritual.

El valor, la resistencia al dolor, el sentimiento del honor, la responsabilidad, la confianza en sí mismo, la compasión por el débil, la sana alegría, la belleza; es decir, los más altos valores humanos, el niño los capta y vive por medio del juego.

Merced a lo hasta aquí expuesto han surgido muchas definiciones. Las más difundidas son de J. Huizinga, quien sostiene que "el juego es una acción u ocupación libre que se desarrolla dentro de límites temporales y espaciales, que se realiza según reglas obligatorias libremente aceptadas, cuya acción tiene su fin en sí misma, que va acompañada del sentimiento de alegría, que es de otro modo que la vida corriente y que es susceptible de repetición".

Hansen considera "el juego como una forma de actividad que guarda íntima relación con todo el desarrollo psíquico del ser". Es una de las manifestaciones de la vida activa del niño. Mientras tanto, Carlos Bühler lo define como "toda actividad que está dotada de placer funcional, y que se mantiene en pie en virtud de este mismo placer y gracias a él, cualesquiera que sean su ulterior rendimiento y sus relaciones de utilidad".

El último concepto del juego es el más aceptado, pero es necesario recordar que el niño juega porque es un ser esencialmente activo y porque sus actos tienen que desenvolverse de acuerdo con el grado de su desarrollo mental. Por ambas consideraciones, el juego es fuente de placer, ya que en él encuentran los niños su satisfacción más cumplida, una exigencia imperiosa de la naturaleza y una necesidad profunda del espíritu.

El juego es la esencia de la vida infantil. ¡Respétalo!

Juego y educación

La importancia del juego en la educación es grande, pone en actividad todos los órganos del cuerpo, fortifica y ejercita las funciones psíquicas. El juego es un factor poderoso para la preparación de la vida social del niño; jugando se aprende la solidaridad, se forma y consolida el carácter y se estimula el poder creador.

En lo que respecta al poder individual, los juegos desenvuelven el lenguaje, despiertan el ingenio, desarrollan el espíritu de observación, afirman la voluntad y perfeccionan la paciencia. También favorecen la agudeza visual, táctil y auditiva; aligeran la noción del tiempo, del espacio; dan soltura, elegancia y agilidad al cuerpo.

La aplicación provechosa de los juegos posibilita el desarrollo biológico, psicológico, social y espiritual del hombre. Su importancia educativa es trascendente y vital. Sin embargo, en muchas de nuestras escuelas se pondera el valor del aprendizaje pasivo, domesticador y alienante; no se da la importancia del caso a la educación integral y permanente. Tantas escuelas y hogares, pese a los adelantos modernos, todavía siguen lastrados en vergonzosos tradicionalismos.

La escuela tradicionalista sume a los niños en la enseñanza de los profesores, la rigidez escolar, la obediencia ciega, la acriticidad, la pasividad y la ausencia de iniciativa. Es logocéntrica, lo único que le importa cultivar es el memorismo de conocimientos. El juego está vedado o, en el mejor de los casos, admitido solamente en el horario de recreo.

Frente a esta realidad, la Escuela Nueva es una verdadera mutación en el pensamiento y accionar pedagógico. Tiene su origen en el Renacimiento y Humanismo, como oposición a la educación medioeval, dogmática, autoritaria, tradicional, momificante. Tiene la virtud de respetar la libertad y autonomía infantil, su actividad, vitalidad, individualidad y colectividad. Es paidocentrista. El niño es el eje de la acción educativa. El juego, en efecto, es el medio más importante para educar.

El juego ha adquirido su mayor importancia con la aparición de los criterios de la Nueva Educación, particularmente en el siglo XIX, en Estados Unidos, Inglaterra, Francia, Alemania, cuyas influencias llegaron hasta nosotros.

Rousseau estaba convencido de que cada edad del niño tiene un grado de madurez o desarrollo que le es propio y le hace pensar, actuar y sentir de modo peculiar. Gracias a él se llegó a comprender la libertad y la individualidad que requiere el niño en su educación. Así ofrece a la nueva educación cuatro máximas fundamentales, señaladas por Vial:

a) Es preciso educar al niño por la libertad y para la libertad.

b) Dejad madurar la infancia en el niño.

c) La educación del sentimiento debe anteponerse a la inteligencia.

d) El saber importa menos que el ejercicio del juicio.

PESTALOZZI es otro de los precursores de la Nueva Educación. Es el genial creador de los Jardines de Infantes, que integró la teoría y la práctica de estos nuevos criterios.

FROEBEL, como pocos, dio gran importancia a la primera infancia y acentuó la significación de la autoridad libre y creadora del niño.

Durante la colonia, la escuela era considerada como centro de represión, dada la dureza con que actuaban los docentes; se admitía que "la letra entra con sangre". Concebían el juego como una pérdida de tiempo y de respeto.

El juego y la educación deben ser correlativos porque educación proviene del latín *educere*, implica moverse, fluir, salir de, desenvolver las potencialidades físicas, psicológicas, sociales y espirituales, desde el interior de la persona que se educa. En ese contexto el juego, como medio educativo, debe tener igual orientación. El juego y otras experiencias constituyen el soporte de todo aprendizaje, gravitan en el cambio de conducta del individuo. Para que se dé esa situación se requiere tiempo. El cambio se da como un salto dialéctico de lo cuantitativo a lo cualitativo. La calidad de experiencias y conocimientos o realizaciones generan las cualidades deseadas.

Por eso, la educación como uno de los fines del juego, puede graficarse del siguiente modo:

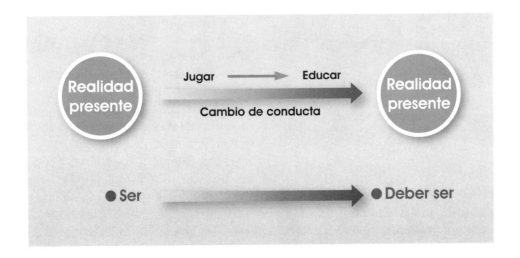

El juego, como medio de educación, debe encuadrarse también en lo planteado por Maritain: "El primer fin de la educación concierne a la persona humana en su vida personal y en su progreso espiritual. El segundo, es guiar el desarrollo de la persona humana en la esfera social, despertando el sentido de su libertad, así como el de sus obligaciones y responsabilidades". En esa perspectiva el docente tenderá a que el juego incida en una educación personalizada, a fin de obtener un estilo de vida original antes que una conducta masificada. Deberá, en el juego, priorizar el cultivo personal de sus pensamientos, sentimientos y acciones, para buscar el éxito y la competencia en un ámbito de equilibrio entre los valores individuales y sociales.

El juego para Piaget

*El juego es un caso típico
de conducta desperdiciada
por la Escuela Tradicional,
por parecer desprovisto
de significado funcional*

Jean Piaget

En Educación Inicial, Primaria y Secundaria, el docente utiliza el juego como un medio en el proceso de enseñanza y aprendizaje. Piaget dice que "el juego constituye la forma inicial de las capacidades y refuerza el desarrollo de las mismas".

Las situaciones de juego y experiencias directas contribuyen a que el niño adquiera una mejor comprensión del mundo que lo rodea y así vaya descubriendo las nociones que favorecerán los aprendizajes futuros.

En Educación Inicial y los primeros grados de Educación Primaria, en estas experiencias de tipo concreto, el niño ejercita sus sentidos, ya que tiene oportunidad de observar, manipular, oler, etc. Cuanto más sentidos ponga en juego el niño, más sólidos y ricos serán los aprendizajes que realice. Posteriormente, estas nociones se afianzan utilizando materiales estructurados y no estructurados, entre los que podemos nombrar los rompecabezas, encaje, bloques, latas, maderas, semillas, etc., para finalmente llegar al material gráfico, láminas, loterías, dominó, tarjetas, fichas y hojas de preparación.

De esta manera el niño va gradualmente de lo concreto a lo abstracto, lo que favorece el desarrollo del pensamiento lógico.

Teorías biológicas del juego

I. Teoría del crecimiento

Fue formulada por Casuí, quien considera al juego como resultante fatal del crecimiento, vale decir del flujo y reflujo de fuerzas vitales que operan en el trabajo interno de estructuración orgánica. El juego es considerado como un fenómeno estrictamente físico. Casuí juzga que el desequilibrio orgánico, por la hipersecreción glandular, es la causa biológica de la actividad que se expresa a través del juego. La materia orgánica en su constante transformación química, provoca en el sujeto la actividad que se expresa a través del trabajo o del juego.

Finalmente, asevera que el hombre es de una estructura compleja, por tanto juega más. Así mismo la diferencia constitucional que separa a un sexo del otro, sería la causa de la diferencia de los juegos de niñas y niños.

Crítica. La teoría del crecimiento concilia dos tendencias o corrientes explicativas del juego, las que reconocen sólo una base o sustento orgánico y la que acepta el fundamento mental del mismo. Casuí, sobre la base biológica admite la expresión espiritual de la personalidad infantil. Por otro lado, sobre la base de instintos y tendencias orgánicas explica la diferencia entre el juego según el sexo, pero toda la formulación tiene una dirección en el crecimiento presente del sujeto. Tiene la virtud de adoptar una actitud integradora sobre el juego.

II. Teoría del ejercicio preparatorio

Fue defendida por Groos. En términos biológicos ha definido al juego como "el agente empleado para desarrollar potencialidades congénitas y prepararlas para su ejercicio en la vida". La teoría destaca la tendencia a la repetición y al impulso instintivo de imitación en el juego como medio de aprendizaje. El juego resulta así una función que logra que los instintos, que en su mayor parte viven en estado incipiente, se motiven, se activen y se perfeccionen. El juego para y por el desarrollo de los instintos, explica por qué los gatitos juegan a cazar, los corderitos a toparse; es decir, se entrenan desde pequeños en las ocupaciones que realizarán cuando mayores.

Crítica. Interpretar la teoría de Groos al pie de la letra, sería caer en el absurdo. Significaría aceptar que el mundo estaría, dentro de muy poco, lleno de todas las ocupaciones u oficios que representan los niños en sus juegos: soldados, pilotos, jinetes, etc.

III. Teoría catártica

Planteada por Carr, define al juego como un acicate que sirve al organismo para impulsar su crecimiento y desalojar las propensiones antisociales con que el individuo llega al mundo y que dado el estado actual de la civilización, resultan altamente perniciosas. El juego sirve como acto purificador de los instintos nocivos; por ejemplo, el instinto guerrero se descarga en el juego de peleas.

Crítica. Admitir esta teoría implicaría que en todo juego, yace como algo que lo circunda o motiva, una fuerza nociva que tiende a liberarse. El niño juega a las palabras, a los sonidos, y otros, más para utilizar los órganos que para purificarlos.

IV. Teoría del atavismo

Fue expuesta por Stanley Hall. Según ella, los niños reproducen en sus juegos los actos que ejecutaron nuestros antepasados. Esta teoría se basa en la ley biogenética de Haeckel, que dice: el desarrollo del niño es la recapitulación breve de la evolución de la raza. El niño en sus juegos va evolucionando, del mismo modo como evolucionaron las actividades en el proceso histórico de la humanidad.

Crítica. No es correcto ver en el juego la reproducción breve de la especie, podría afirmar que la civilización mantiene todavía etapas insuperadas en el desarrollo mismo de la especie Muchos juegos tradicionales, a los cuales alude esta teoría, deberían haber desaparecido por ser sólo recapitulación breve; sin embargo, bolitas, pelotas, carreras, luchas, etc., que juegan los niños europeos, africanos o americanos, son los mismos que antaño regocijaban a los niños de China, Egipto, Grecia y Roma.

Teorías fisiológicas del juego

Dentro de esta concepción destacan:

I. Teoría de la energía superflua

Formulada por Schiller y desarrollada posteriormente por Hebert Spencer. Su hipótesis fundamental es que "el juego es la descarga agradable y sin formalidad de un exceso de energías. Spencer buscó la razón del juego en la existencia de un excedente de energías, que pugnando por evadirse del organismo infantil se desplazaría por los centros nerviosos".[1]

Si se considera que el juego es una actividad, ésta tiene que ser promovida por otra actividad, que en el caso presente es una energía excedente de naturaleza fisiológica. Esta energía no se libera ciegamente, obedece a un esquema de imitación del adulto, de tal manera que su descarga está canalizada dentro de los marcos imitativos (el niño juega imitando a los mayores).

Las críticas a esta concepción sostienen:

a. Si el juego supone una energía superflua que se va agotando en el juego, ¿cómo se explicaría que el juego a menudo continúa mucho tiempo después de que se ha consumido la energía inicial? ¿Cómo se explicaría entonces el juego de los niños desnutridos, enfermos o fatigados?

b. El juego en muchas ocasiones no sirve para gastar energías, sino para restablecer la fatiga y aun para reponerse.

c. No siempre los niños repiten o imitan en sus juegos la conducta de los adultos. En algunos casos existe verdaderamente una actividad creadora.

II. Teoría del descanso o recreo

Su principal representante, Stheinthal, sostiene que el cambio de actividad u ocupación proporciona la posibilidad de recrear las partes fatigadas del sistema nervioso, en tanto que otras partes entran en actividad. Este criterio hizo establecer los recreos en las escuelas.

La crítica a este planteamiento sostiene que el niño juega para cansarse y no para descansar. Aunque en el plano psicológico aceptamos que el cambio de actividad equilibra un poco las energías gastadas. Si el juego fuera reposo, ¿jugaría el niño en las primeras horas de la mañana, instantes de reparación de las energías gastadas en los trajines del día anterior? Karl Buhler dice que los niños juegan durante todo el día sin que hayan llevado a cabo trabajos de los cuales necesiten descansar.

En general, las teorías fisiológicas se basan en la falsa premisa que el juego es una actividad carente de utilidad, superflua y sobrante.

---

[1]   Cheateau, *Psicología de los juegos infantiles*, Buenos Aires, 1988, p. 56.

Teorías psicológicas del juego

En el ámbito psicológico existen varias teorías:

I. Teoría del placer funcional

Representan esta teoría F. Schiller y K. Lange. Para ellos el juego tiene como rasgo peculiar "el placer". Lange entendía que el placer en el juego se debía a que la imaginación podía desenvolverse libremente, sin trabas, fuera de las restricciones de la realidad. Destacan en esta teoría: la independencia de la mente con respecto a la realidad y su exteriorización o productividad.

Karl Bühler define que "el placer es una actividad que proporciona placer funcional", a diferencia de la sociedad placentera que produce la satisfacción de nuestras necesidades y apetitos (una vez satisfecha una necesidad puede terminar el placer). Luego, advierte que la situación emocional que siente el niño frente al juego, es un estado de conciencia donde la imaginación trasciende la realidad y la supera, es el ámbito donde sólo reina el espíritu, y la libertad cumple su papel creador.

II. Teoría del ejercicio previo

Por su origen se emparenta con las teorías biológicas, al considerar el juego como una actividad de naturaleza instintiva. El principal representante de esta posición es Groos, quien plantea que el juego es "un agente empleado para desarrollar potencialidades congénitas y prepararlas para su ejercicio en la vida". Juzga que el juego anticipa actividades futuras, sirve como preparación para la vida. Esta interpretación, en tanto, pone énfasis en la naturaleza instintiva orgánica del juego y se ajusta mejor a una interpretación biológica más que psicológica.

III. Teoría de la sublimación

Formulada por Sigmund Freud, define al juego como: "una corrección de la realidad insatisfactoria". Corrección que en términos generales significa: rectificar una acción pasada; en el campo psicológico un hecho de conciencia pasado, una vivencia experimentada. Esta teoría hace referencias al pasado, a lo que el niño trae en su conciencia, no a lo que recibirá en el futuro, ya no es un mero pasatiempo, o placer, es expresión de algo vital. Pero esta corrección también se halla, en parte, relacionada con el futuro mediante la realización fícticia de deseos.

Freud demostró que mediante el cambio de papeles de la parte pasiva (que sufre) por la parte activa (que produce sufrimiento) el niño puede tomar en el juego venganza simbólica sobre las personas que lo hicieron padecer. En esta teoría la realidad lúdica se convierte en una realidad sustitutiva verdaderamente vital, en la que el niño encuentra recursos propios para dominar las fuerzas más poderosas a cuya acción se halla expuesto y cuyo impacto le sería tal vez perjudicial si careciera de subterfugio del mundo del juego. El juego, así entendido, se convierte en una "válvula de escape".

IV. Teoría de la ficción

Defendida por Claparede, sostiene que el juego es la libre persecución de fines ficticios. El niño persigue y busca lo ficticio, cuando las circunstancias reales no pueden satisfacer las tendencias profundas del espíritu infantil. El niño al darse cuenta de que no puede gobernar su realidad como él quisiera, se fuga de ella para crearse un mundo de ficción. De la misma manera en que el niño otorga realidad a los personajes fantásticos que crea, el hombre adulto se sume en la delectación de las aventuras del Quijote o se estremece con las escenas de Hamlet, y nadie osaría en el momento de la representación poner en tela de juicio su existencia real, porque si tal cosa ocurriera, la expectación psicológica quedaría trunca.

El niño distingue lo real de lo irreal, de confundir ambos planos, denunciaría un estado patológico. El niño es consciente de la ficción que realiza, pero esa ficción es una realidad para su conciencia, es decir, existe para él y es eso lo único que cuenta. Sin embargo, Lorenzo Luzuriaga hace notar que la teoría de la ficción, presenta el inconveniente de que no ve el aspecto de realidad que tiene el juego para el niño.[2] Por su parte Koffka, refuerza la tesis que considera que "el juego del niño constituye una realidad autónoma, respecto a la cual ha de tenerse en cuenta que una cosa es 'ser verdadera' para el niño y otra para nosotros".

Teorías sociológicas del juego

I. El aprendizaje social

El aprendizaje social, según Cousinet, pasa por cuatro etapas: la agresión manual, la agresión oral, la agresión del exhibicionismo y la del importunar.

---

[2]   Lorenzo Luzuriaga, *Pedagogía*, Buenos Aires, 1982, p. 13.

a) En la agresión manual se advierte el primer contacto con la realidad social, esta primera actividad es de rechazo. El niño siente dos necesidades: de manifestarse distinto y de unirse al otro; es en este panorama que aparece "el otro". A los tres, cuatro o cinco años, los niños se empujan, se tiran, se atropellan, y en general este comportamiento es considerado como natural, tanto "que un niño que no se atreve jamás a empujar o tirar a otros niños tiene en verdad, un desenvolvimiento anormal" (S. Isaac).

Este comportamiento belicoso es la primera toma de contacto; así, dos niños que se han empujado, momentos después toman una actitud conciliadora y se ponen a jugar. Su actividad de apariencia antisocial, es en realidad una actividad de presociabilidad. El juego ideal para lograr una actitud más evolucionada en este sentido es el juego con la pelota, pues su alternativa permite ser él mismo y el otro.

b) La agresión oral es manifiesta en jactancia de este tipo: "Yo soy más fuerte que tú". "Mi padre es más bueno que el tuyo". "Mi auto es más lindo que el tuyo". Se trata de una de las formas de afirmación del yo, que el niño buscará satisfacer de diferentes maneras a lo largo de su desarrollo.

c) El exhibicionismo. En esta etapa el niño presenta el examen de los demás, los signos de su superioridad, trata de asegurarse la alianza del adulto (ser el mimado del maestro), quiere convertirse en un objeto de envidia de los demás. Cuando el niño ocupa su sitio en su grupo ya no tendrá necesidad de recurrir a estos medios.

d) El que importuna es un ser social que busca satisfacer su necesidad de socialización por un proceder nuevo, que de compensar su frustración, esa actitud será superada, siendo sólo un comportamiento presocial. El niño no puede admitir que el grupo pueda vivir sin él, por eso llama la atención molestando.

II. El juego social

El juego pasa por tres estadios: 1° Estadio de rechazo; 2° Estadio de aceptación y utilización; y, 3° Estadio de cooperación.

1° En el estadio de rechazo, para el niño sólo existe su yo y su mundo, las relaciones están dadas entre los objetos y su individualidad, tiende a considerar a los niños como un objeto más y a usarlos como una simple cosa. Se manifiesta el egocentrismo del niño y el carácter subjetivo de esta edad; creemos que la conducta de rechazo encuentra plena justificación en estos primeros años del niño. La primera actitud del niño frente a otro es en primera instancia de desconcierto y luego de rechazo. Observamos esto en los bebés que al mirarnos se recogen en los brazos de su madre.

2° En el estadio de aceptación y de utilización de los otros, el niño trata de utilizar a sus ocasionales amigos como sujetos que complazcan sus caprichos e intereses. Algunos educadores y psicólogos como Gessell nos dicen que entre el primer y segundo estadio está el juego paralelo (dos niños juegan cada uno por su cuenta, sin comprender que esas dos actividades semejantes, pueden constituir una actividad común).

3° Cuando aparece la necesidad de realizar una actividad en común, el niño está en el umbral del juego en cooperación. Sucede a partir de los cinco, siete y ocho años, progresivamente, es decir, en la época escolar.

El niño que llega a la escuela tiene que alternar con otros niños mayores, en el recreo conoce a alumnos de diferentes grados, y su preocupación de imitarlos lo lleva a olvidarse de las actividades propias de su grado.

En los juegos sociales hay dos elementos importantes, sin los cuales el juego no podría existir:

a) La cooperación, con división del trabajo.

b) La existencia de una regla.

Concepción pedagógica del juego

Siendo el juego un tipo de actividad que desarrolla el niño, y el niño el objeto del proceso educativo, toca considerar la actividad lúdica ya no sólo como componente natural de la vida del niño, sino como elemento del que puede valerse la pedagogía para usarlo en beneficio de su formación. Siendo así, el juego debe ser aprovechado y desarrollado en la escuela.

Ralph Winn, define el juego como "el tipo fundamental de ocupación del niño normal". Sobre esto no cabe la menor duda, ya que todo lo hasta aquí dicho, corrobora la afirmación. Si gran parte del tiempo la ocupa el niño en jugar, como educadores necesitamos comprender lo que el juego representa para él. Para lograrlo es recomendable:

1. Utilizar la oportunidad que le dan los llamados "juegos libres" que pueden intercalarse con los "juegos dirigidos".

2. Observar en aquellas sesiones de "juegos libres" las inclinaciones del niño y considerar éstas como base de la planificación de nuevos juegos. Si esta situación no ocurriera, el educador estaría condenado al fracaso, por no saber buscar un repertorio grande de los que más se ajusten a las características del infante.

Una cosa distinta es observar al niño que juega, para ver el tipo de juego que éste crea, o, por cierta similitud con algunos de los del repertorio que el educador posee. Podemos decir, entonces, que el juego sale del niño porque es un integrante biológico de éste y no una adherencia que le impone el educador. Este concepto es válido para el educador, aunque no lo sea para el técnico que enseña la manera de jugar.[3]

El educador condiciona y canaliza hábilmente esta fuerza que nace del niño, para revertirlo sobre sí, en beneficio formador. Esa fuerza interior que emerge del niño se encuentra en el camino con esa otra fuerza equilibradora que trae el maestro.

Froebel, uno de los primeros que miró al juego desde un punto de vista educativo, dice al respecto: "Es importante para el éxito de la educación del niño de esta edad, que esta vida que él siente en sí tan íntimamente unida con la vida de la naturaleza, sea cuidada, cultivada y desarrollada por sus padres y por su familia. El juego le suministrará para ello medios precisos porque el niño no manifiesta entonces más que la vida de naturaleza... el juego es el mayor grado de desarrollo del niño en esta edad, por ser la manifestación libre y espontánea del interior, la manifestación del interior exigida por el interior mismo, según la significación propia de la voz del juego".[4]

Los juegos más simples de los niños están cargados de significación que los padres no saben comprender. Desde Froebel se destacó su importancia, y Herbart, con la teoría del interés, influyó también en ello. Cuando se ha visto que el niño repulsa el trabajo impuesto, se ha tratado de utilizar el juego como instrumento de aprendizaje, como método del "trabajo-juego" o "juego-aprendizaje".

Características del juego

1° El juego es una actividad libre. El juego por mandato no es juego.

2° El juego no es la vida corriente o la vida propiamente dicha. Más bien consiste en escaparse de ella a una esfera temporal de actividad que

---

[3] Fernández Martínez, *Técnica de la educación física*, t. II, Perú.
[4] Forgione, *Antología pedagógica universal*, México, 1986, t. II, p. 14.

posee su tendencia propia. El siguiente caso, que refiere el padre de un niño, ilustra cuán profunda es la conciencia de esto en el niño. Encuentra a su hijo de cuatro años sentado en la primera silla de una fila de ellas jugando al tren. Acaricia al nene, pero éste le dice: "papá, no debes besar a la locomotora, porque, si lo haces, piensan los coches que no es verdad".

3° El juego es absolutamente independiente del mundo exterior, es eminentemente subjetivo.

4° El juego transforma la realidad externa, creando un mundo de fantasía.

5° El juego es desinteresado; es una actividad que transcurre dentro de sí misma y se practica en razón de la satisfacción que produce su propia práctica.

6° Se juega dentro de determinados límites de tiempo y de espacio, su característica es la limitación.

7° El juego crea orden, es orden. La desviación más pequeña, estropea todo el juego, le hace perder su carácter y le anula.

8° El juego oprime y libera, arrebata, electriza, hechiza. Está lleno de las dos cualidades más nobles que el hombre puede encontrar en las cosas y expresarlas: ritmo y armonía.

9° El jueg o es una tendencia a la resolución, porque se "ponen en juego" las facultades del niño.

10° Otra de las características del juego es la facilidad con que se rodea de misterio. Para los niños aumenta el encanto de su juego si hacen de él un secreto. "Es algo para nosotros y no para los demás."

11° El juego es una lucha por algo o una representación de algo.

Educar al hombre en todo cuanto tiene de hombre

El lema inscrito en el escudo de una universidad de Perú: "Educar al hombre en todo cuanto tiene de hombre" advierte el sentido auténtico de la educación. El hogar y la escuela deben asumir esta difícil pero no imposible tarea, si realmente buscamos un nuevo hombre para una nueva sociedad. Gente de mentalidad academista sigue todavía creyendo que la persona instruida, con más años de escolaridad, de por sí es más virtuosa que otras. Dan mayor importancia a los conocimientos memorizados, no practicados. Valoran más a la enciclopedia andante, aunque le falte emoción ante el arte o la contingencia social, aunque actúe con falta de moralidad, como enemigo de la sociedad, aunque lleve hábitos o uniformes y actúe despreciando a Dios y/o a la patria en cada hombre.

Retomando nuevos criterios, urge que padres y maestros nos esforcemos en cultivar en los hijos o alumnos, su cuerpo, sentimientos, acciones, hábitos, habilidades, destrezas, aptitudes, valoraciones... para alcanzar su auténtica humanización.

Por falta de esclarecimientos en las concepciones del hombre y de la educación, por errores y omisiones de ejecución o el imperio de prejuicios, deformamos a nuestros hijos o alumnos. Mientras el profesor trata de educar, otros no lo apoyan. A veces la familia se esmera y la escuela no comprende aquella preocupación. En otros casos, el hogar y la escuela se aúnan pero los medios de comunicación social (radio, televisión, diarios, revistas, carteles...) autoridades, instituciones y personas realizan acciones contrarias. Más grave aún, hay gobiernos que en la educación ven un peligro y tratan de desmerecerla, desorientarla, obstaculizarla, llenarla de inmoralidad, y hasta perseguirla. ¿Qué significa, por ejemplo, que ciertas escuelas, en su "excelencia académica", buscan sólo llenar de conocimientos al niño? ¿Qué implica que la escuela y el hogar se hallen realizando actividades diametralmente opuestas? ¿Qué consecuencias acarrean las propagandas, abundancia de informaciones y desinformaciones deportivas en los medios de comunicación masiva? ¿Adónde apuntan los gobiernos que exigen a los maestros que desarrollen exclusivamente los planes y programas de estudio que nos imponen? Porque la educación debe ser integral y permanente, el juego también debe tener esa orientación, dada su finalidad educativa. No es lícito preocuparse única o mayormente por las destrezas físicas y soslayar las manifestaciones psicológicas, sociales o espirituales erradas: ¿De qué vale que un niño o joven juegue muy bien el futbol, sea una estrella en ese deporte, si falsificando un papel (a veces promovido hasta por sus profesores, padres o amigos) participa en el evento, o que juegue malintencionadamente en el ciego afán de ganar el compromiso? ¿Podrá decirse de ese niño que se está educando con ese comportamiento? Los otros niños que ven ese modo de actuar, que toleran, encubren y defienden ¿también estarán incurriendo en un acto de deformación? En la práctica de los juegos hay necesidad de fomentar una educación auténtica. Una educación que no se satisfaga con el solo dominio corporal, que vele por una formación psicológica adecuada, por un despliegue social de camaradería, por la realización de valores. La educación y el juego no deben estar exentos de axiología. La finalidad de ambos debe ser formar en la amplitud de los conceptos y de las realizaciones. No deben quedar en simples enunciados.

Es una lástima que en muchos hogares y escuelas se tengan todavía las virtualidades de la educación y del juego en las palabras y no en las realizaciones. En aras de una auténtica humanización es imprescindible que nuestros quehaceres tengan mayor amplitud, que no sean estrechos, deformantes, deshumanizantes. Al hombre, para educarlo, hay que verlo y tratarlo en su amplitud humana. El juego, siendo un medio para educar, también está en el imperativo de ser reorientado para alcanzar sus nobles propósitos.

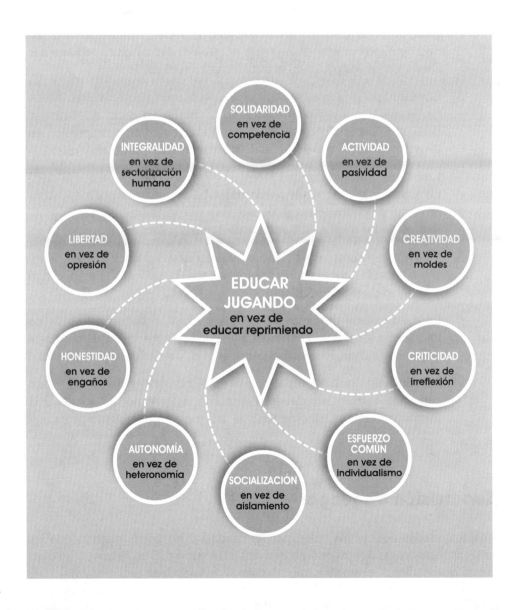

Principios de la Liga Internacional para la Educación Nueva que debe tenerse en cuenta para educar jugando

1°   El fin esencial de toda educación es preparar al niño a querer y realizar en su vida la supremacía del espíritu, por lo cual, sea el que fuere el punto de vista en que se coloque el educador, debe tender a conservar y acrecentar, en el niño, la energía espiritual.

2°   Debe también respetar la individualidad del niño, porque la individualidad no puede desenvolverse sino por una disciplina que conduzca a la liberación de los poderes espirituales que en él existen

3°   Los estudios, y de una manera general, el aprendizaje de la vida, deben dar libre curso a los intereses innatos del niño, es decir, a los que se despiertan espontáneamente en él y que encuentran su expresión en las actividades de orden manual, estético, intelectual, social y otras.

4°   Cada edad tiene su carácter propio, y es preciso, por ende, que la disciplina personal y la disciplina colectiva sean organizadas por los mismos niños en colaboración con los maestros, procurando reforzar el sentimiento de las responsabilidades individuales y sociales.

5°   La competencia egoísta debe desaparecer de la educación, y ser reemplazada por la cooperación, que enseña al niño a poner su personalidad al servicio de la colectividad.

6°   La coeducación deseada por la Liga excluye el tratamiento idéntico impuesto a los dos sexos; pero implica una colaboración que permita a cada sexo ejercer libremente, sobre el otro, una influencia saludable.

7°   La educación nueva prepara en el niño, no solamente al ciudadano capaz de cumplir sus deberes para con su prójimo, su nación y la humanidad entera, sino también al ser humano consciente de su dignidad de hombre.

Supervisión de juegos

Las actividades educativas valen por su calidad y no por la cantidad de las mismas. Nuestros niños jugando libremente, sin supervisión, ni apoyo, ni ayuda, ni orientación... es posible que no estarán formándose debidamente.

Debemos utilizar los avances biológicos, psicológicos, filosóficos, tecnológicos, científicos y legales, para mejorar nuestro quehacer educativo. Es imprescindible conocer qué es, cómo, cuándo, dónde, qué tiempo, por qué, para qué juegan los niños. No debemos trabajar rutinariamente con ellos.

Algunos profesores y/o padres, equivocadamente, se preocupan sólo por el desenvolvimiento físico del niño que juega, no prestan atención a sus reacciones psicológicas (emotividad, indiferencia, imaginación...), sociales (poca sociabilidad, rechazo a las opiniones de sus colegas, agresividad...) y espirituales (falta de honestidad, acriticidad, egoísmo...). En esas condiciones aun los mismos niños juzgan que lo único que debe cultivarse son las destrezas de jugador y que todo lo demás es secundario. Admiten que el asunto es ganar a como dé lugar, aun agrediendo. De este modo es como validan todo medio ilícito. Ven el juego como competencia y no como participación. Descuidan su formación integral.

Las circunstancias presentes demandan una educación renovada, de calidad, en ese sentido los paradigmas deben ser superiores a los tradicionales. La supervisión educativa debe ser aplicada y no sólo referida u omitida en la tarea diaria de la escuela. El profesor debe supervisar las labores lúdicas de sus alumnos para poder asesorarlos, orientarlos, ayudarlos, apoyarlos, mejorarlos oportunamente. De modo análogo y con mayor rigor, el director del centro educativo debe cumplir su rol supervisor; él es el supervisor por excelencia, responsable del cumplimiento efectivo del sistema de supervisión educativa.

El director y personal jerárquico de los centros educativos deben cumplir sus funciones, y si no están en capacidad de hacerlo, deben renunciar al cargo. Es tarea de ellos:

a. Asesorar y orientar la labor del personal docente.

b. Evaluar conjuntamente con los docentes el proceso de enseñanza-aprendizaje.

c. Fomentar la experimentación educativa, las innovaciones y la creación de tecnología educativa, así como el intercambio de experiencias técnico-pedagógicas.

d. Orientar y asesorar la aplicación de la normatividad correspondiente.

No debe olvidarse que la prioridad de la supervisión educativa es que el maestro y el padre de familia, en su mutua relación de educando-educador, atiendan al alumno.

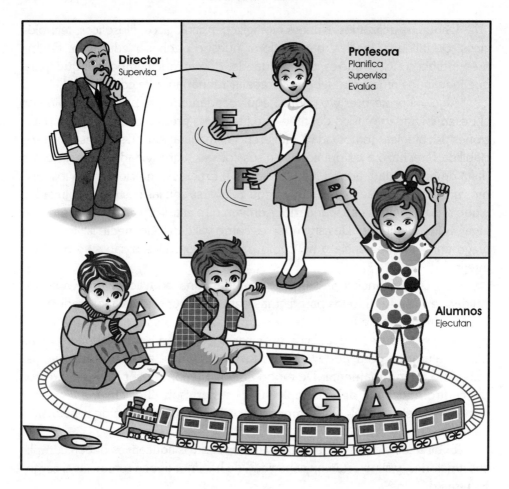

El servicio de supervisión educativa está destinado al mejoramiento de la calidad y eficacia de la educación mediante el asesoramiento, la promoción y la evaluación del proceso educativo y de su administración. Hacer una supervisión indiferente o autoritaria es actuar contrariamente a la finalidad de la supervisión, es dar acceso al libertinaje pedagógico y administrativo del plantel.

Necesitamos una supervisión educativa integral para encauzar la escuela hacia la realización de una educación igualmente integral, para que la falta de una implementación filosófica o el apego a la rutina no restrinja la labor escolar a la simple transmisión de conocimientos y la mantenga en niveles de mediocridad. No demos ocasión a que los padres de familia, decepcionados de la mala calidad del servicio educativo que reciben sus hijos, tengan que buscar otros planteles de mejor condición.

Rumbo a la calidad educativa

Cuando juguemos nosotros o jueguen nuestros niños, no debemos tener miedo a las competencias, sean éstas deportivas, gimnásticas, marciales, etc., sino a nuestra propia incompetencia, a nuestra falta de ingenio, conocimiento o talento; mismas que con un poco de esfuerzo es posible que estén competentes. Los niños, como los adultos, cuando se deciden, lo logran.

Estamos en tiempos de aprendizaje, exigido por las circunstancias histórico-sociales y culturales que vivimos, y por nuestros niños con mayor razón, por estar en escolaridad. A ellos no se les debe estrechar sus conocimientos ni actividades a lo que prescriben los planes y programas de estudios tradicionales. Hay urgencia de renovar la escuela, y en particular la formación de nuestra niñez. Si antes, a los siete años o más, jugábamos con piedritas, palos o pelotas, ahora los niños ya juegan con sus computadoras, u otras máquinas análogas, al margen de sus niveles económicos.

Educar al niño no implica únicamente que siga aprendiendo todo lo nuevo. En su comportamiento, en sus juegos hay necesidad de desaprender: impuntualidad, deshonestidad, inhibición de esfuerzos, personalismo, egoísmo, expresiones y gesticulaciones inadecuadas, agresión, irrespetuosidad a las normas y autoridades, ausencia de consideración al adversario, etc. Debemos olvidar y asumir otras conductas más dignas, más humanas, otros grupos de ideas, acciones, valoraciones, actitudes; hay urgencia de reaprender: eficacia, creatividad, criticidad, cordialidad, flexibilidad, orden, respeto, compromiso, optimismo, justicia, capacitación permanente, moralización, etc.

Realizando de continuo estos aprendizajes, desaprendizajes y reaprendizajes, es posible borrar de nuestro inconsciente colectivo las manifestaciones negativas, a fin de dar paso al inconsciente colectivo de calidad. Eso no es un sueño; en Japón, desde los grados iniciales, en la escuela, con ayuda del hogar, se forman personas de calidad para que luego produzcan bienes y servicios de calidad.

Muchos adultos, y aun jovencitos, creemos que todo lo sabemos y que no es necesario seguir aprendiendo. Preferimos vivir tradicionalmente, encerrados en un mundo estrecho y conservador. No tenemos la humildad japonesa de seguir aprendiendo. Pero sí echamos la culpa a otros de nuestros desaciertos o fracasos personales e institucionales. Criticamos a todos y de todo, pero no tratamos siquiera de imitar, igualar y superar a otros en uno u otro campo. Si el objetivo del niño fuese solamente imitar o igualar a alguien en el juego, en el estudio o en el trabajo ya estaríamos avanzando.

En el juego o en cualquier otra actividad, el conocimiento no es de quien lo crea sino de quien lo aplica. No importa de dónde venga, lo importante es usarlo. Los niños, cuando se les brinda un ambiente de confianza, de esfuerzo, de ser hoy mejor que ayer, logran sus avances, los vemos en los campeonatos de futbol, ajedrez, voleibol, basquetbol y otros rubros más. Sin embargo, muchos sienten dolor del éxito de los demás. No tienen el coraje de reconocer los mayores esfuerzos de los otros, ni admitir que ellos no se esmeran y que sólo esperan milagros. Es necesario modificar esas actitudes, ser más altruistas, más decididos, tener mayor acción. Debe sentirse que el éxito reta, como lo sienten los hombres de vanguardia y reflexionar acerca de que si el otro puede, por qué no asumir el reto. Luego de estas reflexiones, que lo ideal es que fueran colectivas, debe darse paso a las acciones, no quedarse en simples elucubraciones o propuestas, sino llegar a las realizaciones, como una forma de educarse íntegra y permanentemente

Algunos niños, y también algunos adultos, dicen con desparpajo que ya estaban enterados de tal o cual situación y no tienen la hidalguía de reconocer que nada han hecho en ese rubro a pesar de conocerlo. Por tanto, están peor que antes. Jugar, aplicar una estrategia o buscar el éxito, más que una idea, tiene que ser realidad. Hay que buscar su factibilidad. Tomar una actitud soberbia y negarse a aprender es muy perjudicial. Dejar de aprender es dejar de crecer.

Por los errores antedichos, con el afán de salvar nuestras responsabilidades, muchos buscamos ser víctimas circunstanciales. De la pérdida de un evento echamos la culpa a tal o cual contingencia y nos negamos o resistimos a asumir nuestras responsabilidades. El buen jugador, niño o adulto, debe ser honesto consigo mismo y con los demás, debe reconocer sus omisiones, errores o limitaciones y esforzarse por enmendarlos. Esto es lo educativo. Para posibilitar sus éxitos debe capacitarse permanentemente, como aquella niña que a los ocho años no sabía, no podía, brincar la cuerda tan perfectamente como lo hacían sus amigas; pero se propuso, ensayó a diario y al poco tiempo estaba en posibilidad de ganales a aquellas niñas. Las imitó, igualó y superó, por propia decisión. A pesar de su edad, comprendió que la calidad y la competencia no eran utopías sino vivencias satisfactorias.

En el juego y en todo rubro, estamos hartos de los ordinarios, buscamos a los extraordinarios, agregándoles una preparación y esfuerzo extra para superar los niveles iniciales. Esto es lo más valioso en el quehacer educativo. No debemos educar por educar, de cualquier modo, a través del juego o de la represión, sino educar bien de acuerdo con las exigencias sociales que vivimos

En la medida que eduquemos en esa direccionalidad a un niño, tendremos un adulto menos que corregir. Si los educamos descuidando la calidad, nuestros niños pueden terminar en malhechores y no en hombres de bien. Hay apremio de calidad educativa, el niño mediocre tiene que jugar, debe estudiar de cualquier forma, pero el niño de calidad quiere jugar, quiere estudiar del mejor modo, con mayor esfuerzo, si es necesario, pero con la seguridad de obtener mejores logros. Para el efecto, es imprescindible reconocer esos esfuerzos, premiarlo, alentarlo, elevar su autoestima.

Relaciones humanas en el juego

*Uno de los principios fundamentales de la pedagogía científica
debe ser la libertad de los alumnos, libertad que permita el desarrollo
de las manifestaciones espontáneas del niño.*

María Montessori

Las relaciones entre alumno, profesor y/o padre de familia, en su mutua relación de educando-educador, jamás deben ser autoritarias ni indiferentes. Sin embargo, muchos docentes sólo se acuerdan del niño como objeto de enseñanza en las "clases" ordinarias; pero en otros momentos, en los recreos o cuando realiza algunos juegos no le dan la importancia que merece. Asimismo, algunos padres de familia para deshacerse de sus hijos los mandan a jugar, los abandonan.

Lo ideal es que en todo tiempo se busque y se logre mayor comunicación, afecto e interacción personal entre ellos. La educación no se puede dar en modo aislado, la educación es asunto de comunidad. En la escuela y en el hogar, debe imperar un ambiente amistoso y/o familiar, de relación igualitaria, democrática, horizontal, sincera y amorosa para ser humanizante. Ya debe abolirse, de modo definitivo, toda manifestación de opresión, de dominación, en el que el padre o maestro prime sobre el niño. En ese tratamiento amistoso es provechoso participar en sus juegos y distracciones, conversar sobre sus intereses y alegrías, invitarle a realizar tareas comunes, narrarle cuentos o chistes adecuados a su edad, estudiar juntos, etc.

Conviene que padres y maestros comprendamos que democracia no es palabrería, sino un modo de vivir, una forma participatoria de actuar y de mutuo respeto, para despertar y acrecentar esa vocación en el niño. Se aprende democracia no tanto con palabras sino viviendo democráticamente, en horizontalidad. La práctica democrática juega un papel singular en la formación de la personalidad, genera disciplina, confianza, libertad, igualdad y control. Pero, sin llegar a extremos. Cuando se actúa con niños, a veces hay necesidad de ejercer el poder para hacer notar al menor los límites que le son permitidos. Esto no gusta a mucha gente acostumbrada a la vida libertina.

El padre y el profesor deben actuar con mucho equilibrio, con personalidad fuerte cuando las circunstancias lo exigen, seguro, capaz de enfrentar situaciones variadas: adversas, felices o nuevas. De este modo el niño aprende que no todo es fácil y que debe estar preparado para afrontar otras contingencias. La familia escolar debe estar consciente de su unidad y por tanto de la necesidad de cooperación entre sus miembros. El desconocimiento y la no práctica de la cooperación puede traducirse en desorden material, injusticias y riñas, pereza colectiva y otras secuelas negativas.

El niño, en el juego, en el trabajo o en cualquier otra circunstancia, aprende a respetar si se siente respetado y si ve que se respetan en el medio donde se desenvuelve. Por eso, es imprescindible aclararle conceptos o situaciones importantes, informarle y anticiparle lo que se espera de él, explicarle los motivos de las órdenes que se le dan, felicitarle cuando realiza acciones positivas. Es necesario tener paciencia y repetir estos actos formativos, el resultado compensará el tiempo y paciencia invertidos.

En la educación tradicional, existe una relación de opresión del profesor hacia el alumno. Es el docente quien elige los contenidos que hay que estudiar, los juegos que se deben realizar, los métodos o técnicas que hay que emplear, cuándo realizarlos, cómo evaluar, etc. El alumno permanece pasivo, obediente, en actitud irreflexiva, acrítica, por "respeto" a la autoridad del profesor. El verticalismo existente de por sí dificulta el aprendizaje, con sus ambientes hostiles y carencia de afectividad, tantas veces son causales de bajos rendimientos y altos índices de repitencia y deserción escolar.

Los profesores verticalistas no están dispuestos a discutir con sus alumnos sobre tal o cual asunto, ni a jugar con ellos, en resguardo de su autoridad y jerarquía. Consideran que a ellos les corresponde preguntar; y a los alumnos, responder, y que el criterio de hacer las preguntas es potestativo del profesor. Se consideran despositarios de la verdad, del conocimiento absoluto que transmiten. Si algún alumno se atreve a cuestionarlos, consideran grave indisciplina. No permiten que el alumno aprenda a pensar, reflexionar, discutir, esclarecer, analizar, comparar, en aras de "urbanidad". Practican una pedagogía de opresión, de domesticación. Todos los derechos los reservan para ellos; y los deberes, para los alumnos. Hacen prevalecer la "legítima autoridad del docente" y no toleran que sus alumnos los igualen en algo.

Hacer constructivismo demanda cambiar esta modalidad de vida en la escuela, el hogar y la comunidad. Insta a que profesores y alumnos se ubiquen en el mismo nivel, en horizontalidad. El docente tiene que sacrificar su ubicación primigenia y bajar de su pedestal. El alumno tiene que sentirse igual que los demás humanos y aprender a tratarse de igual a igual con los otros. Tiene que vencer sus temores y prejuicios. Debe autoestimarse y autovaluarse, pero sin dejar de valorar a los demás. El hogar y la comunidad tienen que apoyar, orientar, ayudar, asesorar o capacitar a los niños para que opten por una conducta de equilibrio, y puedan discutir, dialogar, analizar, rechazar, crear, juzgar, evaluar, reclamar, en igualdad de condiciones que sus profesores, colegas o padres.

Si en ese ideal de horizontalidad practicamos un diálogo fluido entre docente y alumno, potenciamos el aprendizaje del estudiante. Ese diálogo debe ser práctica de humildad para buscar la verdad, esfuerzo para crear y transfomar, pensar crítico, afán constructivo, valor para encarar los problemas, amor a los hombres, al mundo y a la vida, mensaje comprensible, sencillo, de igual a igual, con fe y esperanza para hablar, sentir y hacer. Todas estas cualidades dan un cariz diferente a la relación democrática y al hecho de dialogar en su conjunto, humanizándolo

No es necesario aplicar el castigo. Hay muchas maneras de hacer sentir al niño que ha obrado mal. No sólo los castigos físicos son condenables, también lo son las agresiones verbales. La aplicación ciega de estos recursos negativos genera inhibiciones, produce resentimientos y deseos de venganza, crea temor hacia la autoridad... Como decía San Juan Bosco "trata de hacerte amar, que luego te harás obedecer con toda facilidad". "Los niños no sólo deben ser amados sino que ellos mismos deben darse cuenta de que de veras son amados."

También es necesario realizar los correctivos de modo privado, reflexivo y creador. Por ejemplo, Juan tiene la manía de patear su pelota en la sala. La madre se enfada y le dice "no juegues o te castigaré". Pero el niño repite la acción. La madre le impide jugar y él se siente incomprendido e injustamente tratado. En este caso el correctivo es desacertado. Priva al niño de una actividad natural, sana y agradable. Lo correcto es que la madre le diga: "Juan, jugar es muy bueno, pero debes patear tu pelota en otro sitio. La sala no es un campo deportivo. Ve a jugar al patio o al estadio, cuenta con mi permiso."

Antes, durante y después del juego, el niño debe aprender y/o practicar los buenos modales por el ejemplo de sus padres, maestros y comunidad. Dar las gracias por el favor que se recibe, pedir disculpas, esperar su turno, no reír ante la equivocación de un compañero, ayudar a alguien que sufre dificultad, etc., deben ser norma de vida en toda persona. No olvidemos que la cortesía es el lubricante de las buenas relaciones sociales; sin ella se corre el riesgo de que los ánimos se resientan y se susciten altercados innecesarios.

Los juegos deben ser motivo para sonreír, llamar a las personas por su nombre, ser cordial, hablarles con dulzura, ser servicial, interesarse sinceramente por los otros, ser generoso en el elogio y medido en la crítica, no desestimar las opiniones ajenas, considerar los sentimientos y creencias ajenas. Debemos vencer odiosidades y resentimientos

El modo más inteligente de promover la repetición sistemática de sus buenos comportamientos en el juego y en toda actividad es brindarle cariño al niño, darle una mirada agradable, expresarle un gesto de aprobación, sonreírle, darle expresiones de estímulo, abrazarlo, darle una palmadita, premiarle... cada vez que realice acciones buenas. El éxito de su educación está en nuestra perseverancia.

> El juego es el testimonio de la inteligencia del hombre en este grado de la vida. Es por lo general el modelo y la imagen de la vida del hombre, generalmente considerada, de la vida natural, interna, misteriosa en los hombres y en las cosas: he ahí por qué el juego origina el gozo, la libertad, la satisfacción, la paz consigo mismo y con los demás, la paz con el mundo; el juego es en fin el origen de los mayores bienes. (Federico Froebel.)

DESARROLLO DE LA PERSONALIDAD
A TRAVÉS DEL JUEGO

Valores

Espiritual. Cultivo de valores en las diversas áreas de la cultura.

Social. Acercamiento y comprensión a los demás

Psicológica. Afinamiento intelectual, afectivo, volitivo.

Biológica. Dominio corporal a través de multiplicidad de acciones.

Personalidad

JUEGO E INFANCIA

Para educar o jugar debemos partir del niño, tomarlo como guía...
El niño es el punto de partida, el centro y el fin.

*Amor y alegría
son alas de
grandes acciones*

J. Goethe

*La alegría
es un catalizador
de la educación*

Fco. Larroyo

*La esencia del
juego no se comprende
sino partiendo de la esencia
misma de lo infantil*

Buytendijk

*En el juego, sin coraje y
sin fe, la creatividad es imposible.
Desarrollar creatividad es desarrollar
en primer lugar el coraje y la fe*

Anderson

Derechos del niño

Es tan importante el juego en el desarrollo integral del niño, que la Organización de las Naciones Unidas para la Ayuda y Protección a la Infancia —UNICEF—, en su declaración de los Derechos del Niño, proclamada por la Asamblea General en su resolución 1386 (XIV), de 20 de noviembre de 1959, en el principio 7, tercer y último párrafo, dice:

"El niño debe disfrutar plenamente de juegos y recreaciones, los cuales deben estar orientados hacia los fines perseguidos por la educación; la sociedad y las autoridades públicas se esforzarán por promover el goce de este derecho."

Autoestima y juego

La confianza en sí mismo
es el primer secreto del éxito

Emerson

La autoestima debe ser la meta más alta del proceso educativo y el centro de nuestra forma de pensar, sentir y actuar. Debemos reconocer que la autoestima es el soporte motivador que condiciona el aprendizaje hasta límites insospechados. Favorece la atención y la concentración. Las bajas calificaciones, los comentarios negativos de los padres, profesores y colegas graban un autoconcepto negativo que los aplasta y acentúa el desaliento.

Las personas alabadas confían en sí mismas. Cuanto más niño, más eficaz es el elogio. Para los tímidos, la alabanza es la forma óptima de ayudarlos a desarrollar una personalidad positiva. Por eso, frente a tu hijo o alumno elogia sus juegos, éxitos deportivos y académicos, su originalidad, sus creencias, ideas y valores.

Padres y maestros debemos ser estimuladores, debemos motivar a los niños. Sus facultades pueden quedar disminuidas por falta de estimulación, o crecer sus potencialidades si se les estimula desde temprana edad. Debe brindársele cariño al niño para que sienta confianza, seguridad y espacio propio. El contacto, la mirada protectora son importantes, robustece su autoestima, el componente afectivo tiene un enorme valor. Es la base de todo aprendizaje. *Afecto* no es engreimiento, melosidad, ni privilegio, es sentido de apoyo. Básicamente esto es lo que debemos entender los adultos para conducir por la recta formación a nuestros alumnos o hijos.

No se puede educar mecánicamente. Educar es lograr un clima de afecto. Las relaciones del niño con sus padres y/o profesores deben ser gratificantes. Debe sentir la presencia de ellos en su interior.

En el juego debemos promocionar y no frenar la curiosidad infantil. La curiosidad es un impulso sano y útil para su desarrollo. La curiosidad es el apetito mental que impulsa al niño a saber para enriquecer su personalidad. Si la curiosidad no se satisface, el crecimiento mental se retrasa con las consiguientes consecuencias negativas.

El niño que tiene poca autoestima lo refleja en su comportamiento. Conforme se van desarrollando las características de esa falta de autoestima, va convirtiéndose en costumbre y, como tal, difícil de erradicar como cualquier otra. Cuando tiene poca autoestima, posee también escasa capacidad para tener éxito en el aprendizaje, juego o relaciones humanas y en cualquier otro quehacer. La carencia de autoestima le lleva a obtener malas notas y éstas le inducen a considerarse menos, a tener menos estimación por sí mismo. De esta forma, el niño entra en un círculo vicioso del que le resulta cada vez más difícil salir, según va pasando el tiempo. El niño se ve inmerso en una espiral de fracasos y autoinculpaciones, mientras que nadie presta atención a las peculiaridades de su autoestima. Para el niño con poca autoestima las relaciones personales tienen una tremenda importancia: busca en los demás el apoyo y la aprobación que no encuentra en sí mismo. Si la ansiedad es excesiva, el aprendizaje se hace más difícil. El niño con poca autoestima lucha con factores que le producen ansiedad y que terminan por entorpecer sus actividades. Cuando aumenta la autoestima, la ansiedad disminuye y ello permite que el niño participe en las tareas de aprendizaje con una mayor motivación.

El niño necesita sentir que otros confían en él para que pueda confiar en sí mismo.

Los niños de baja autoestima eluden cualquier reto, por muy sencilla que sea la tarea: se muestran desvalidos frente a aquello que sientan como un reto. Demuestran muy poca iniciativa. Esperan a que los demás se ocupen de las cosas o las inicien; se aburren con facilidad, muestran impotencia y decepción con respecto a sus estudios y las bajas calificaciones.[5]

El quehacer pedagógico no debe soslayar los aportes de las ciencias auxiliares de la educación. En el juego debemos enseñar al niño a no sentirse inferior a nadie, a pesar de sus defectos. Debe ayudársele a compensar sus situaciones críticas y sus debilidades explotando sus puntos virtuosos para que alcance éxitos. Se le debe alentar cuando sea necesario y ayudarlo a competir cordial y honestamente en cualquier área y a prepararse con frecuencia. No se le debe privar de la disciplina y el respeto en ninguna circunstancia para no menoscabar su autoestima. Debe apoyársele en sus esfuerzos y no alarmarse de que no haya podido lograr ciertos objetivos. Debe evitarse la excesiva protección y hacer que el niño por sí mismo tome sus decisiones.

El concepto de sí mismo en el niño crea una conciencia afectiva para actuar. Si se siente seguro de sí mismo, de sus habilidades, querido y estimado por padres, maestros y compañeros, sus posibilidades de rendimiento y aprendizaje escolar serán más favorables. (Chadwick.)

Deben gratificarse los pequeños avances de los niños, elogiar sus logros y esfuerzos. Sus éxitos futuros dependen de estas primeras experiencias satisfactorias.

Educarse jugando

Nuestros alumnos o hijos deben educarse jugando y no necesariamente en la aplicación rígida de la escolarización. En esa intencionalidad, es necesario que ellos tomen conciencia de que jugar no es sólo movimiento del cuerpo humano sino también es cultivo de sus facultades biológicas, psicológicas, sociales y espirituales, para obtener una educación integral. En esa direccionalidad conviene que reflexione y accione continua y progresivamente, con ayuda de los adultos, padres o profesores, amigos u otros, sobre tópicos como los siguientes:

[5]   Mavilo Calero Pérez, *Constructivismo*, Lima, 1997, p. 237.

¡Evita accidentes!

No resbales por el pasamanos de la escalera,
ni saltes los escalones de dos en dos, pues te expones a un accidente.

Si jugamos a la pelota, debemos hacerlo
en un lugar descampado...

De lo contrario, podríamos causar
molestias a los vecinos.

Mantener aseada la fachada de nuestra casa es importante...

Pero **no** por eso vamos a pintar las demás paredes del vecindario.

Shhhhhhh

Niños y niñas podemos limpiar los ambientes que ocupamos, ordenar los juguetes, útiles escolares y otros enseres. Demuestren que los niños también ayudan en el hogar y en la escuela.

Si arrojamos papeles, envolturas o cáscaras en la vía pública, **pronto** estaremos viviendo y conviviendo entre montañas de desperdicios.

Todos necesitamos: jugar, estudiar y trabajar.
Juguemos sí, pero no olvidemos nuestros libros.

Conducta deportiva

El rol educador del hogar y la escuela debe incidir permanentemente en encauzar al niño a comportarse con altura humana en todas sus actividades y particularmente durante sus juegos en el campo deportivo, pues jugando también nos educamos y educamos jugando.

Profesores y alumnos debemos entender que los deportes, más que competencia, son oportunidades de participación, y en esas circunstancias perder o ganar no debe ser lo significativo, sino educarse integralmente. Debemos rechazar toda manifestación de agresividad y el criterio errado de que ser buen deportista es ganar a como dé lugar.

La práctica deportiva dentro o fuera del plantel debe implicar el conocimiento y la práctica de normas básicas como las siguientes:

1. Amar a la institución o equipo al que se pertenece.

2. Ser leal con el equipo por el que se juega y con el adversario, estimarlos y respetarlos.

3. Cumplir el reglamento del deporte que se practica y las normas de urbanidad.

4. Saber ganar el juego, con humildad y coraje.

5. Reconocer la derrota sin perder la moral ni el honor.

6. No prejuzgar que el árbitro es un enemigo, y acatar sus órdenes.

7. No discutir, hacer gestos desagradables u ofender a los rivales.

8. Mostrar cultura y personalidad deportiva, equilibrada, fraterna, dentro y fuera del campo deportivo

Por eso, es trascendental la presencia y el ejemplo de los profesores en eventos de esta naturaleza. Resulta bochornoso la constante rivalidad entre equipos o colegios cuando se trata de competencias interescolares; merecen ser reorientadas para ser educativas.

NIÑO: Juega con alegría, sin miedo al fracaso, con la vista en la meta • si pierdes, admira al que vence, si vences, contagia al vencido y el juego será siempre, el parque de los ratos mejores •

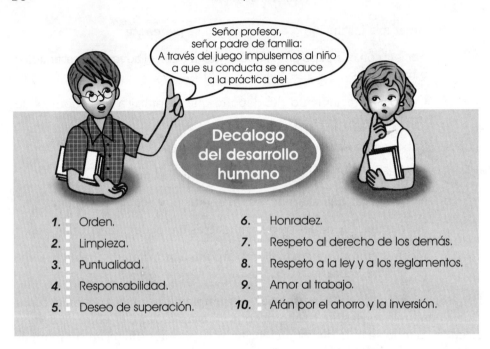

Señor profesor, señor padre de familia: A través del juego impulsemos al niño a que su conducta se encauce a la práctica del

Decálogo del desarrollo humano

1. Orden.
2. Limpieza.
3. Puntualidad.
4. Responsabilidad.
5. Deseo de superación.

6. Honradez.
7. Respeto al derecho de los demás.
8. Respeto a la ley y a los reglamentos.
9. Amor al trabajo.
10. Afán por el ahorro y la inversión.

Evaluación de la personalidad del educando

Si pretendemos hacer educación integral, su evaluación también debe ser integral. Debemos vencer la tradición de hablar de educación y hacer sólo instrucción, impuesto por los registros tradicionales de evaluación que endiosan las calificaciones de aprovechamiento intelectual. Si la escuela se preocupa de desarrollar los diversos aspectos de la personalidad del educando, es lógico que también evalúe dichos rubros. Con ese propósito debe utilizarse una escala de estimación al apreciar sus variados rasgos. Para el efecto:

1. El docente debe conocer al educando por lo menos durante dos meses, antes de emitir sus estimaciones o juicios sobre él.

2. En cada área debe escoger el nivel que mejor refleje el desempeño del sujeto.

3. Es necesario que el docente tenga cuidado de no hacer sus estimaciones sobre la impresión emocional subjetiva —favorable o desfavorable— que le causa determinado sujeto. Debe ser objetivo en sus estimaciones.

Criterios para hacer valoraciones de la personalidad del educando

Alumno: ....
Grado de estudios: ....
Fecha de valoración: ....
Profesor: ....

A.		Orden, Limpieza	
	1.	Descuidado o desatinado en sus hábitos personales.	
	2.	Algunas veces se le aprecia descuidado y poco limpio.	
	3.	Medianamente ordenado en sus hábitos personales.	
	4.	Cuidadoso y ordenado en sus hábitos personales.	
	5.	Se destaca por su orden y limpieza.	
B.		Ascendencia	
	1.	Es incapaz de dirigir, siempre sigue a los otros. No puede trabajar sin supervisión.	
	2.	Es capaz de realizar una actividad formulada por otro.	
	3.	Puede proyectar y ejecutar tareas menores.	
	4.	Algunas veces puede dirigir asuntos de importancia.	
	5.	Es capaz de dirigir a otros con habilidad e iniciativa propia.	
C.		Esfuerzo	
	1.	Es extremadamente perezoso.	
	2.	No se esfuerza lo suficiente en el trabajo. Tiende a ser indiferente.	
	3.	Medianamente esforzado.	
	4.	Se esfuerza más que la mayoría.	
	5.	Se distingue por su esfuerzo. Es un estudiante incansable.	
D.		Inteligencia general	
	1.	Probablemente es un alumno con deficiencia mental.	
	2.	Su desempeño es torpe o inferior.	
	3.	Su nivel es normal.	
	4.	Rinde mejor que la mayoría: su nivel es superior.	
	5.	Se destaca sobre los demás: su nivel es muy superior.	

E.		**Facilidad verbal**	
	1.	No puede expresarse con orden y claridad.	
	2.	Escoge a menudo las palabras inapropiadas y se equivoca.	
	3.	Emplea bastante bien las palabras al expresarse.	
	4.	Tiene un vocabulario de nivel superior.	
	5.	Es capaz de seleccionar en forma excelente la palabra correcta y se expresa a un nivel muy superior.	
F.		**Sociabilidad**	
	1.	Prefiere estar solo la mayor parte del tiempo.	
	2.	Tiende a ser un poco solitario.	
	3.	Divide su tiempo entre actividades sociales y solitarias.	
	4.	Prefiere la compañía pero puede tolerar la soledad.	
	5.	Sólo es feliz en compañía de otros.	
G.		**Cooperación o altruismo**	
	1	Nunca piensa en los otros hasta que están satisfechos sus propios intereses.	
	2.	Se une a actividades sociales que le dan satisfacción personal.	
	3.	Usualmente llega a un equilibrio entre los intereses personales y los sociales.	
	4.	Rara vez antepone sus propios intereses a los del grupo social. Lo toma en cuenta y coopera.	
	5.	Presta atención especial a los intereses del grupo. Se destaca por su cooperación.	
H.		**Cortesía y Tacto Social**	
	1.	Constantemente ofende a los otros. Es descortés.	
	2.	Algunas veces es descortés.	
	3.	Se comporta generalmente con tacto y cortesía o por lo menos evita las descortesías.	
	4.	Es cortés y tiene tacto social.	
	5.	Siempre manifiesta una conducta cortés y considerada en cualquier situación.	

I.		Control Emocional	
	1.	Fácilmente irritable o deprimido por pequeñas dificultades.	
	2.	Tiende a alterarse con frecuencia.	
	3.	Generalmente se domina a sí mismo. Pocas veces se altera.	
	4.	Controla su emoción, se domina y casi nunca se altera.	
	5.	Está sereno y calmado aun en situaciones críticas.	
J.		Confianza en sí mismo	
	1.	Siempre está inseguro de lo que es capaz de realizar.	
	2.	Tiende a mostrarse desconfiado de sus propias capacidades. Se subestima.	
	3.	Tiene clara conciencia de su capacidad y lo que puede realizar.	
	4.	Usualmente confía en sí mismo. Rara vez se subestima.	
	5.	Nunca duda de su capacidad. Tiene plena confianza en sí mismo.	

Clasificación de los juegos

De acuerdo con su función educativa, Queyrat distingue:

1. **Los juegos que interesan a la movilidad (motores).** Estos juegos tienden al desarrollo muscular, mediante ejercicios de músculos de brazos, piernas, etc., hasta juegos con aparatos.

2. **Los juegos propios para la educación de los sentidos (sensitivos).** Se realizan utilizando diversos objetos que educan la mano, oído, la vista, etc. Se emplean estos procedimientos en forma progresiva a partir de Froebel.

3. **Los juegos para desenvolver la inteligencia (intelectuales).** Estos juegos se realizan mediante la experimentación y la curiosidad infantil que tienden al desarrollo de la inteligencia. Ejemplo: los rompecabezas.

4. **Los juegos para el cultivo de la sensibilidad y la voluntad (efectivos).** En éstos caben todos aquellos juegos que tienden al desarrollo de los instintos sociales o altruistas. La elección de los juegos efectivos toca al hogar y a la escuela, con el fin de evitar la proliferación de juegos que no conducen a la formación de buenos hábitos.

5. **Juegos artísticos.** Satisfacen principalmente el libre juego de la imaginación, en los que es más viva la ilusión, propenden a la cultura estética de los niños según sus tendencias, habilidades y aptitudes. Éstos pueden ser:

a) Pintorescos,
b) Épicos,
c) Arquitectónicos,
d) De imitación plástica,
e) Pictóricos, y
f) Dramáticos.

Teniendo en cuenta al sujeto o sujetos que participan en el juego, se divide en juego individual: el niño juega solo; y juego social: cuando lo realiza con otros.

El juego individual comprende las siguientes fases:

1. **El juego con los propios miembros.** Cuando el niño se complace en el movimiento de su cuerpo, sus brazos, sus manos, sus dedos se sujetan a toda clase de pruebas.

2. **El juego con las cosas.** Es el momento en que la cosa propiamente dicha interesa al niño: es objeto de una intensa manipulación que se efectúa con las manos, pero bajo la dirección de la vista. Es el periodo del juguete.

3. **El juego de imitación.** Cuando trata de imitar los movimientos y actitudes de las personas mayores, las ocupaciones de sus padres, vecinos, etc.

4. **El juego de ficción.** Es aquel en que el niño se vale de una cosa para figurar otra. La imaginación infantil modifica el fondo de las cosas cambiando la personalidad verdadera de los seres o poniendo alma a las cosas. De esta manera da vida a sus juguetes. Por la misma potencia de la imaginación el niño cambia de personalidad; si juega a la escuela, él se siente maestro; si juega con un palo de escoba, lo considera caballo. Juega a la familia, a la guerra, etc., personificando con fidelidad el papel que representa.

El niño por su imaginación transforma las cosas y los seres; pero no es enteramente engañado por ellas, lo vemos fabricar panes o masas de barro, pero nunca lo vemos comer esos manjares...

El juego social se manifiesta desde los seis años, edad en que adquiere la capacidad para jugar con otros y para hacer un papel social. A partir de los seis años hasta los 12, el niño está en la tercera etapa de la infancia. Está en la edad propiamente escolar.

A base de estas clasificaciones, podríamos considerar la de Calzetti, la más acertada en el campo educativo, puesto que clasifica los juegos en dos clases:

1. Juegos de experimentación, y

2. Juegos sociales

Los juegos de experimentación son:

a) Sensoriales: hacer ruido, examinar colores, escuchar, tocar objetos.
b) Motores: ponen en movimiento los órganos del cuerpo u objetos extraños.
c) Psíquicos:
   - Intelectuales: de comparación, de reconocimiento, de relación de razonamiento, de reflexión y de imaginación.
   - Afectivos: en los que intervienen emociones o sentimientos.
   - Volitivos: donde interviene la atención voluntaria.

Los juegos sociales son: los de lucha corporal o espiritual.

Asimismo existe una clasificación genética que agrupa los juegos de acuerdo con las edades de la vida humana en:

a) Juegos de la infancia.
b) Juegos de la adolescencia.
c) Juegos de la edad adulta.

Clasificación de Emilio Montoya. El profesor peruano ha estructurado una clasificación de los juegos, atendiendo a la metodología pedagógica. Comprende:

I. Juegos infantiles.

a) Por el lugar y la época en que se desenvuelven:
   - Juegos hogareños.
   - Juegos de jardín de infantes.
   - Juegos escolares.

b) Por los objetivos educativos especiales:
   - Sensoriales:
     - Juegos visuales.
     - Juegos auditivos.
     - Juegos táctiles.
     - Juegos de sentido básico.
   - Motores:
     - Juegos de velocidad.
     - Juegos de agilidad.

- ▪ Juegos de puntería.
- ▪ Juegos de equilibrio.
- ▪ Juegos de destreza.
- • Juegos Intelectuales.
- • Juegos Sociales.

c) Por los procedimientos pedagógicos:

- • Juegos activos.
- • Juegos asociativos.
- • Juegos instintivos o miméticos.

d) Por el modo metodológico:

- • Juegos individuales.
- • Juegos colectivos.
- • Juegos libres.
- • Juegos vigilados.
- • Juegos organizados.
- • Juegos de iniciación deportiva.
- • Juegos deportivos escolares.

e) Juegos aritméticos.

Aprender jugando, con la ruleta mágica

La ruleta mágica tiene múltiples usos para las actividades de aprendizaje y reaprendizaje de temas que el niño debe realizar, jugando. Con afán de ejemplificar su uso para el aprendizaje de la lecto-escritura, presento experiencias efectuadas por el profesor peruano César Carhuamaca Chuquillanqui, con niños del primer grado de primaria.

No es tarea fácil para los niños aprender la lecto-escritura, en lugares de extrema pobreza, donde la comunidad escribe y lee muy poco. Tratándose de los niños, para incentivarlos mediante actividades lúdicas, el profesor Carhuamaca utiliza la ruleta mágica.

Un día llegó un circo al pueblo, y los niños, en compañía de su profesor, acudieron a ver una actuación, la cual les gustó mucho. Al día siguiente, en el patio de la escuela, los niños libremente jugaban al circo, con notorio entusiasmo; unos hacían de actores y otros de espectadores. Ya en el aula, el profesor los invitó a expresar sus experiencias con relación al espectáculo. Cada cual comentó sus impresiones. Aprovechando estas expresiones, bajo la dirección del docente, los niños seleccionaron y escribieron, primero en la pizarra y luego en sus cuadernos, las frases más referidas:

- Los payasos del circo.
- Pipo y Popi son payasos del circo.
- Los payasos son graciosos.
- Los payasos tomaron leche.

Luego dibujaron las escenas que más les gustaron.

El profesor elaboró un nuevo disco para la ruleta mágica, para el día siguiente con base en lo dibujado y escrito en la pizarra, como puede verse en la fotografía.

Los niños, a través de las actividades realizadas y con la ayuda de la ruleta mágica, reforzaron sus aprendizajes de lecto-escritura de los textos elaborados por ellos mismos, en forma grupal e individual.

Con el propósito de lograr mayor afianzamiento, el profesor preparó un conjunto de cartelitos con las palabras contenidas en las frases expuestas, y también los niños jugaron con ellos, formando nuevas frases, haciendo uso de su creatividad infantil. Con la misma intención, el profesor distribuyó las tarjetas léxicas a cada alumno, para que trabajen en su casa con el apoyo de sus padres o familiares con quienes viven.

Los aprendizajes de los niños fueron muy exitosos. Profesor y padres están convencidos de que los niños asimilan mejor jugando, experimentando, participando...

Jugando al maestro

Motivado por el mensaje sencillo, real y profundo que expuso el brillante educador peruano Francisco Cadenillas en su libro *Educación: hacia una Escuela Peruana*, me veo precisado a transcribirlo para invitar a mis lectores a reflexionar y accionar sobre estas realidades que aún subsisten:

I. Comprendiendo su misión

El maestro conoce muy superficialmente las nuevas técnicas para mejorar nuestra educación. Su vida de diversión y de ocio no le ha permitido estudiar, ni mucho menos aplicar y experimentar. El arreglo de los salones resulta chocante: los cuadros, colocados sin sentido, sin la más ligera idea pedagógica, no hablan a los niños, acostumbrados al grito destemplado del maestro, a la obediencia ciega y al castigo.

Decepcionado, el maestro ha reunido a sus mejores alumnos para interesarlos en la base escolar; pero, "la vida no brota de semillas muertas", los niños han perdido su alegría, su deseo de hacer, su ansia de conocer y su interés por jugar. ¿A qué se debe esto?, pregunta el maestro, la respuesta brota espontáneamente: "si quiere usted renovar la escuela, renuévese primero usted mismo". Pero ¿cuál es el camino de la renovación?

Aquella tarde, los alumnos de la escuela vieron con sorpresa, llorar a quien no había comprendido el profundo significado de esta palabra: maestro.

II. Jugando al maestro

Un grupo de niños juega entusiastamente, de pronto alguien propone: "vamos a jugar a la 'Escuela y el Maestro'; yo soy el maestro y ustedes, los alumnos". Toma el niño el aire de magíster: semblante adusto, ademanes enérgicos, gritos destemplados. Comienza la clase, paseando de uno a otro lado, el maestro habla mientras los demás, inmóviles, se espantan de la severidad del profesor, que se detiene a cada instante para hacer uso de la regla.

Yo pregunto: ¿por qué los niños representan así a los maestros? ¿Por qué el maestro ha de ser siempre el enemigo del niño? La nueva educación considera como cualidad fundamental del maestro, amar; querer al niño, sentir por él profunda simpatía. Educar es por eso dar al niño lo que el maestro lleva en el alma; el acto educativo significa precisamente comprensión mutua, simpatía intelectual. ¿Cuándo los niños verán en el maestro a un amigo?

III. El maestro de ayer y hoy

Un plantel de enseñanza primaria. Un maestro airado que castiga a uno de sus alumnos llevándole con el director, a quien le dice: "Este chico está dibujándome, yo no lo admito en clase."

El director llama al niño y le pide el dibujo; mostrando extrañeza, pregunta:
—¿Por qué has dibujado al maestro sin brazos?
—Porque son los que pegan, señor.
—¿Por qué sin cabeza?
—Porque no sabe enseñar.

Un mes después llega un nuevo maestro, el alumno contento sale al encuentro del director y le dice:

—Ya tengo el dibujo del nuevo maestro —y le muestra el dibujo de un hombre completo agregando —Éste nos quiere y sabe enseñar.
—¿Y estas líneas que salen de la cabeza?
—Ideas, señor.

Yo veo en este caso, tomado de la realidad de la escuela, al maestro que los niños de hoy quieren.

El maestro de ayer
y de hoy.

Modernidad: juegos educativos por computadora

Los niños, en esta etapa de modernización, tienen la posibilidad de realizar sus juegos en una computadora, de modo muy animado. Por eso este tipo de juegos les atrae y entretiene con facilidad. Les brinda oportunidades de variar sus actividades:

- Dibujar.
- Pintar.
- Animar, darles movimientos.
- Memorizar, recordar ubicaciones, cantidades, colores, etc.
- Juegos de rompecabezas, armar figuras.
- Escuchar música.
- Elegir elementos con los que quieren jugar, etc.

Cada vez en el mercado aparecen mayores y mejores software educativos. Los hogares y centros educativos modernizados disponen de estos medios auxiliares para educar a sus hijos o alumnos. Un ejemplo de estos es "Teddy juega al escondite".

Gracias a estas facilidades, el niño a la vez que juega:

- Aprende a utilizar la computadora.
- Desarrolla la memoria visual.
- Ejercita procesos de razonamiento.
- Ejercita habilidades de contar y conocer los números.
- Exterioriza su creatividad a través de las actividades de pintura, animación, etc.

Como es de dominio general, el software es la parte inmaterial, inteligente, presentado en programa, que permite el funcionamiento del hardware. El software incluye los programas previstos por el fabricante, pero también los que el usuario puede crear.

Existen variadas series de programas que permiten a los niños crear y jugar con la computadora. Éstas tienen incluso sus respectivas instrucciones para el padre o el profesor. Explican lo que cada juego enseña al niño y cómo pueden participar en el proceso educativo. Dichos programas están elaborados buscando una interacción positiva entre el niño y la computadora, para que le proporcione una experiencia grata y lo anime a seguir jugando con ellos.

Estos juegos responden a la preocupación psicológica de que un factor importante para disfrutar es mostrar repetidamente experiencias y situaciones con los que el niño está familiarizado. Cuanto más conocida sea la situación, aquél más disfruta. En ese ambiente, el niño puede repetir las acciones que le interesan. En los programas que tienen música incorporada, los niños logran moverse al ritmo de la melodía mientras juegan con el programa. Cuando el pequeño se identifica con el programa, tiene la ocasión de recibir mensajes educativos sin que se dé cuenta. Conviene que a los niños se les deje utilizar su imaginación libremente.

Pese a las virtudes de este tipo de juego (en tanto personaliza la enseñanza-aprendizaje al permitir al niño avanzar a su propio ritmo, analizar y resolver las situaciones problemáticas, desarrollar su organización espacial y discriminación de formas, colores y tamaños y aumentar la automotivación para aprender), tiene graves inconvenientes en tanto deshumaniza al empobrecer las relaciones humanas, perder sensibilidad de valores humanos y transformar al niño en ente apático y a veces antisocial. Por eso, la computadora debe ser una herramienta de trabajo y jamás reemplazar al educador.

Reseñas didácticas para educar jugando

El punto de partida en la educación
tiene que ser naturalmente las experiencias,
necesidades e intereses del niño
y referidos a su ambiente inmediato

LORENZO LUZURIAGA

❖ ❖ ❖

La Escuela Nueva basa sus programas
sobre los intereses espontáneos del niño

FERRIERE

❖ ❖ ❖

Nuestro error
es dar énfasis a la enseñanza,
y no al aprendizaje,
a la coerción
y no a la espontaneidad

❖ ❖ ❖

La enseñanza mediante el juego
permite lograr mayor beneficio
y mejores resultados
con el menor esfuerzo posible

❖ ❖ ❖

Cada persona aprende
conforme su propio ritmo,
intereses, habilidades y aptitudes,
lo más conveniente, en el juego o en el estudio,
es estimular sus avances,
pero no reprobar sus faltas o fallas

❖ ❖ ❖

El éxito del aprendizaje
y de la formación de la personalidad de los niños
depende en buena medida
del afecto que el maestro
sepa ganarse en sus alumnos.

MAKARENKO

❖   ❖   ❖

La tarea esencial del maestro
es organizar las condiciones
del ambiente del estudiante,
de modo que los procesos del aprendizaje
sean activados, apoyados,
mejorados y mantenidos

BENNA SANDER

❖   ❖   ❖

El profesor debe redefinir su tarea educativa
más allá de los libros y de la rígida ortodoxia curricular,
en dirección de la vida cotidiana
que es la primera fuente de la sabiduría.

❖   ❖   ❖

Dos
Antología de juegos según edades

El juego es un ejercicio preparatorio,
presenta un significado funcional

Karl Gross

Juegos por edades

l interés del niño por el juego varía de acuerdo con la edad. Para los pequeños habrá que escoger juegos con cantos, de repetición, de caracterización; el niño de cinco a ocho años es olvidadizo y muy rico en impulso.

Hacia los nueve años de edad, los juegos son más complicados, y los predilectos en esta época son los de escondite, de persecución y de caza. A los once y doce años, su instinto gregario se manifiesta fuertemente, prefiere los juegos de competencia.

De los trece años en adelante entra en el difícil periodo de la adolescencia, será preciso ofrecerle juegos con marcado carácter deportivo.

Arnold Gesell, luego de hacer un estudio profundo en los rasgos de conducta de grandes grupos de niños, de cinco, seis, siete, ocho, nueve y diez años, determinó ciertas características análogas, por cada edad, los juegos y pasatiempos específicos de estos años.

Experiencia que ha permitido señalar el tipo de juego y juguetes que agrada a los niños de acuerdo con su edad:

Niños de seis años

- Juegan con barro, arena y agua.
- Juegan a las escondidas; hacen pruebas en el trapecio, en la cuerda y en el triciclo.
- Juegan con la pelota: la arrojan, la hacen saltar.
- Pintan, colorean, dibujan y moldean arcilla. Recortan y pegan papeles.
- Usan los bloques con imaginación y sonido constructivo. Dibujan letras de imprenta para deletrear palabras. Practican juegos con muñecas, elaboran con accesorios: ropa, equipaje, muebles. Juegan a la escuela, a la casa, a la

biblioteca. Otros juegan a la guerra, a los vaqueros, a los policías y ladrones. Excavan pozos y túneles y realizan actividades sencillas de jardinería. Se interesan por los transportes.

Niños de siete años

- Tienen "manía" por ciertas actividades: jugar con armas de fuego, leer libros cómicos, colorear, hacer magia y trucos, armar rompecabezas.
- Coleccionan e intercambian tarjetas, piedras y trozos de los objetos más dispares.
- Juegan a la biblioteca, al tren, a la oficina de correos, con complicación de accesorios.
- Recogen, patean, botan pelotas blandas.
- Recortan muñecas de papel, "inventan" vestidos para muñecas. Juegan a la casa, lo que incluye vestirse con complicadas ropas de adultos.
- Juegan a la escuela, rayuela y saltan la cuerda, juegan con patines de ruedas.
- Realizan juegos al aire libre: corren, luchan, trepan árboles. Arman "aparatos" con cajas vacías, etc.
- Hacen aviones de papel y los arrojan al aire.
- Juegan a policías y ladrones, a los "comandos", a la guerra, etc.

Niños de ocho años

- Les gusta la compañía de adultos y niños en el juego. Realizan juegos de todas clases, dentro o fuera de la casa. Diferencian el trabajo del juego. Se divierten con juegos de mesa: damas, dominó, cartas; con rompecabezas de figuras y mapas. Desprecian los juegos demasiados sencillos. Inventan los suyos, con sus propias reglas, efectúan juegos dramáticos, arreglan y dirigen estas obras. Tienen interés por los juegos de grupo, como el futbol, con supervisión de algún adulto.
- Hombres y mujeres comienzan a separarse en el juego. Juegan con muñecas de papel: coleccionan grandes cantidades de muñecas y ropa para éstas. Recortan y prueban vestidos. Les agrada que los admiren. Hacen sencillos juegos dramáticos con muñecas, con abundante expresión. Les agradan los libros con muñecas diferentes. Comienzan a utilizar herramientas para hacer arreglos en la casa.

Niños de nueve años

- Juegan y trabajan mucho y tienden a exagerar hasta el punto de fatigarse. Están ocupados con sus propias actividades. Algunos intereses anteriores pueden desaparecer, mientras otros se intensifican. Hay una marcada inclinación por el futbol, los patines, la natación y otros deportes.

- Coleccionan estampillas, minerales, etc. Realizan excursiones, caminatas, paseos; dibujan mapas, hacen listas en sus colecciones.
- Participan en juegos de mesa más complicados.
- Algunos tienen animales y es de suponer que los cuidan, emplean muñecas de papel en juegos dramáticos.
- Se identifican con las muñecas, representando complicados dramas. Les agradan los libros con menos muñecas, y con mayor cantidad de trajes diferentes. Pueden representar toda la rutina de un día jugando a las muñecas. Muestran interés por el manejo de títeres.
- Ponen en práctica habilidades sencillas en costura y cocina.

Juegos para niños de cinco a siete años

(Preescolar y primero y segundo grados de primaria)

Juegos de desinhibición

Para el caso conviene realizar juegos de desinhibición inicial:

- Juegos del espejo en grupos de dos niños.
- Juegos con elementos imaginarios, individual o en grupo. Ejemplo: con pelotas de diferentes tamaños y peso, vasijas, sogas, etc.
- Juegos del saludo.
- Juegos de imitación de los animales más conocidos de su medio, empleando o no, sonidos onomatopéyicos y usando creativamente las partes de su cuerpo (pantomima de manos y cuerpos).
- Juegos de desplazamiento en diferentes medios imaginarios, por ejemplo: caminar en el agua (sin zapatos), en lodo, en piso resbaloso (aceite o cera), sobre arena caliente, sobre piedra picada, abrirse camino en un lugar de abundante vegetación, etc.
- Caminar como una viejecita, como un ebrio, un enano, un gigante, apurado, desganado, como un muñeco de fierro (tieso), como muñeco de trapo (relajado), contento, alegre, etc.

Juegos de libre expresión presentando situaciones con base en acciones cotidianas observadas en su hogar, en la escuela, en la calle y en la comunidad. Ejemplo: lavarse, vestirse, desayunar, comprar en el mercado, asistir al colegio, etc.

Pantomima corporal jugando con elementos imaginarios. Ejemplo:

- La cometa imaginaria.
- El globo imaginario.
- La pelota imaginaria (de diferente tamaño y peso).
- El balde imaginario (con y sin agua).

77

Juegos respiratorios imaginando que:

- Somos globos que nos inflamos o que inflamos un globo.
- Soplamos una pluma de ave o varias plumas.
- Soplamos una vela o varias velas.

Juegos imaginarios sobre la base de experiencias sensoriales, simulando acciones de: vista, oído, textura, olfato, gusto.

Expresar con el cuerpo sensaciones imaginarias como: el frío y el calor.

Juegos de vocalización en forma individual y en grupo. Ejemplo: repetir con las cinco vocales "la mar estaba serena". Decir palabras sueltas como: ven, hola, sí, etc., con distintas entonaciones.

Jugar roles familiares, escolares, laborales, administrativos de su comunidad. Ejemplo: imitar al papá, a la mamá, a los hermanos, al profesor, los alumnos, carpinteros, albañil, agricultor, pescador, pregonero, panadero, sacerdote, frutero, escobero, policía, etc.

Animar una narración con mímica y ruidos convenientes, de acuerdo con las situaciones y personajes que aparecen en ellas. Ejemplo: El parque y sus elementos.

Confeccionar y manipular títeres sencillos con material recuperable.

A través de estos juegos se pretende liberar al niño de inhibiciones, prejuicios, inercia, etc., que bloquean su creatividad, a fin de que pueda manifestarse con espontaneidad en el aula. Se pretende que viva un proceso de exploración y descubrimiento, partiendo del conocimiento de sí mismo y de la observación de su mundo, de los problemas de interacción y del reconocimiento del valor de la participación y del trabajo.

El juego del espejo

Se colocan dos niños uno frente al otro (en cualquier posición: sentado, parado, de rodillas, etc.), y se ponen de acuerdo acerca del personaje que desean interpretar, uno hace de espejo y el otro de actor. El niño que representa el espejo debe actuar y reproducir con precisión los mismos movimientos, gestos y acciones que realiza el actor frente al espejo, pero cuidando de que dichas acciones se hagan simultáneamente.

Este juego, además de explorar la capacidad de observación de los niños, les ayuda a liberarse de sus tensiones y a actuar con serenidad y seguridad ante un grupo, posibilitando su inserción social en el centro educativo.

Juegos de libre expresión

Pueden realizarse de diversa manera:

1. Juegos de imitación de actitudes de la vida diaria:

- Se pide a los niños como tarea previa que observen algunas acciones que se realizan en el hogar, la escuela o comunidad, y que sean de su agrado o interés.
- Luego, dentro de una atmósfera de alegría, confianza y expectativa, el profesor orientará el juego formulando preguntas que provoquen el recuerdo de la actividad observada o vivida. Ejemplo: "Lavarse la cara".
- ¿Qué hacemos todas las mañanas cuando nos levantamos de la cama? ¿Rezamos? ¿Hacemos ejercicios? ¿Tendemos la cama? ¿Nos lavamos?...
- ¿Cómo nos lavamos la cara?, ¡a ver! ¿Cómo lo hacemos? Se invita a los niños a que realicen la acción (ellos deben simular sentir el agua fría o tibia en sus manos y cara, jabonarse, enjuagarse, secarse, etc.).

2. Juegos de imaginación con objetos:
La actividad se realiza con objetos que los niños traen al aula y que previamente son solicitados por el profesor. Observarán el objeto y luego cada niño imaginará y decidirá qué uso diferente le puede dar, sin repetir la acción de sus compañeros.

Ejemplo: Objeto observado: "una regla".

Uso imaginado: una quena, un lapicero, una cuchara, un peine, un micrófono, un pico, una lámpara, una cucharita, un batidor, un pincel, una brocha, un lápiz labial, un apuntador para la pizarra, etc.

Cuando observamos que se han agotado las ideas sobre el uso imaginado del objeto propuesto, lo cambiamos inmediatamente por otro para estimular la imaginación.

Juegos de discriminación visual

El afinamiento de la percepción visual y auditiva constituye un requisito importante para que el niño reconozca con facilidad oraciones, palabras, sílabas y letras durante el aprendizaje de la lectura. Para que el niño logre discriminar las propiedades de forma, color y tamaño de los objetos y seres, debe realizar juegos variados de observación, clasificación y comparación de las propiedades de objetos y seres. Ejemplos a continuación.

Colorear

Algunos profesores y/o padres de familia, ceñidos a los criterios de la Escuela Antigua, todavía tratan de imponerse sobre el niño y obligarle a pintar lo que su mente y razonamiento adulto percibe. No admiten que el niño creativamente pinte de otros colores. No conciben que el niño debe actuar en libertad, según sus propios sentimientos y entendimientos.

Con la imposición, lo único que se logra es castrar su creatividad, impedir su desarrollo autónomo. En el juego, con mucha razón, el niño debe gozar de la máxima libertad para actuar. Pintar, dibujar, para él es jugar.

Descubrir dibujos diferentes

Presentar al niño láminas con dibujos en serie, entre los cuales uno varía en forma, color, tamaño o posición. Que identifique el dibujo diferente.

Reto:

En este dibujo reflejado hay 6 diferencias que tienes que descubrir.

¿Lo puedes lograr en menos de un minuto?

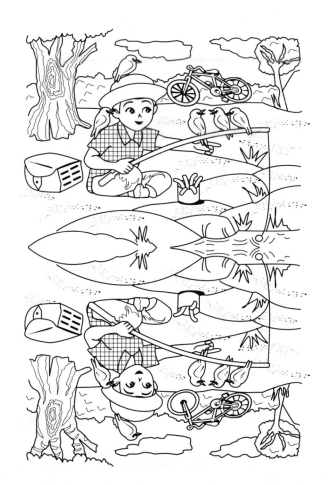

Identificación de propiedades

Pedir al niño que observe los objetos que hay en el aula (carpetas, reloj, pizarra, tiza, mapas, cuadros, etc.) para que identifique en ellos las propiedades de forma, color y tamaño.

> **Vamos a ver cuánto te demoras en encontrar entre todas estas pelotas dos que sean exactamente iguales**

Identificar dibujos iguales

Los niños observan una lámina con una serie de dibujos entre los cuales sólo dos son iguales.

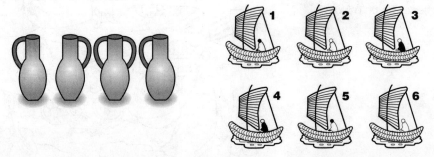

Mira bien y hallarás las dos figuras que son exactamente iguales.

Observación de láminas

Presentar al niño una lámina motivadora. Éste observa y enumera los elementos que aparecen en ella. Indica luego las cualidades de los objetos y seres observados y dice las acciones que realizan las personas o animales.

Ordenar figuras y objetos según su tamaño

Luego de observar, manipular y clasificar objetos diversos (piedrecitas, semillas, botones, hojas, figuras recortadas, bloques lógicos, etc.), el niño está en condiciones de ordenar los objetos de acuerdo a criterios establecidos por él mismo. Por ejemplo: podrá ordenar las semillas, piedrecitas, hojas, botones, etc., del más grande al más pequeño y viceversa.

Reconocer figuras geométricas en objetos

El niño identifica las formas básicas (cuadrado, triángulo, rectángulo y círculo) en los objetos que observa. Por ejemplo: reconoce el círculo en las ruedas de una bicicleta; el rectángulo, en los cuadernos, libros, puertas, ventanas, etc.

Juegos de memoria visual

Para el efecto son recomendables:

Reconocer un objeto entre otros parecidos. El profesor muestra un objeto al niño, por unos instantes, y luego lo mezcla con otros parecidos. Pide al niño que reconozca el objeto mostrado. Ejemplo: Mostrar un lápiz rojo, luego mezclarlo con otros lápices de colores. El niño debe reconocer el lápiz que se le mostró: el rojo.

Esta actividad puede realizarse con cualquier serie de objetos parecidos.

Observar varios objetos para reconocer uno de ellos. El niño observa tres objetos por unos instantes. El profesor los cubre con un papel o tela y esconde uno. Luego muestra nuevamente los objetos y el niño debe decir cuál falta. Este ejercicio se repetirá aumentando el número de objetos.

Observar una figura y reconocerla entre otras parecidas. El profesor muestra una figura al niño y luego le pide que la reconozca entre otras parecidas. Ejemplo: mostrar la figura de un perro y luego presentarla con figuras de otros perros. El niño debe reconocer la figura del primer perro que fue mostrado.

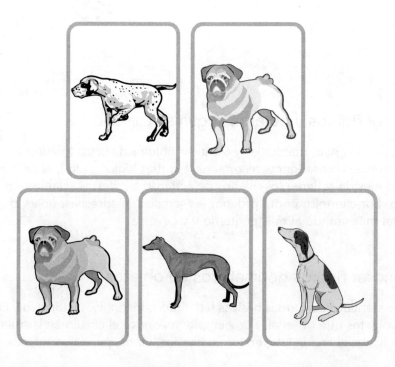

Observar una lámina y enumerar sus elementos. El niño observa atentamente una lámina con un máximo de cuatro elementos.

El profesor oculta la lámina y el alumno dice qué elementos vio.

Detectar cambios en una figura. El maestro dibuja en la pizarra una figura simple, por ejemplo una casa con dos puertas, dos ventanas y una chimenea de la que sale humo. Los niños observan y dicen cómo es la casa, cuántas ventanas y puertas tiene. El profesor borra el dibujo y vuelve a dibujar la misma casa, pero agregándole o quitándole un elemento. Se debe tener cuidado de que el segundo dibujo tenga la misma forma y los mismos elementos, pero faltando o sobrando uno. Podrá hacer progresivamente más complejos estos ejercicios quitándole o agregándole cada vez mayor número de elementos.

Llaves

En una cerrajería encontramos todo tipo de llaves
y cada una con su correspondiente duplicado,
menos una ¿cuál es?

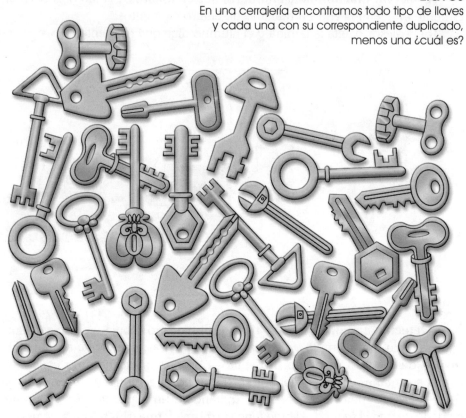

Juegos de coordinación viso-motriz

Ejercicios sencillos

Flexibilización de dedos

El docente orientará al niño para que realice con los dedos, los siguientes
ejercicios:

- Abra y cierre acompasadamente una y otra mano y luego ambas a la vez.
- Levante y baje uno por uno los dedos, empezando con el índice, con
  la palma de la mano colocada sobre una superficie plana.
- Imite la acción de tocar castañuelas, piano, flauta, guitarra, etc.

Movimiento de hombro, brazo y mano

Mediante juegos, el docente motivará al niño para que:

- Haga girar sus brazos uno por uno, ambos a la vez, hacia adelante, atrás, a la derecha y hacia la izquierda.
- Ejecute movimientos ondulados con los brazos, imitando el vuelo de los pájaros a diferentes velocidades, en respuesta a preguntas: ¿Cómo vuela la paloma? ¿Cómo vuela el colibrí?
- Salte la cuerda individualmente, o en grupos.
- Imite acciones como remar, manejar un carro, cortar hierba con un machete, pintar una pared, etc.
- Haga girar un aro de alambre o madera manteniendo los codos pegados al cuerpo, de izquierda a derecha y viceversa, con movimientos lentos y rápidos.
- Ejecute movimientos de rotación de la muñeca. Haga girar la mano sobre la articulación de la muñeca, en todas las direcciones: arriba, abajo, de izquierda a derecha y viceversa. Inicie estos movimientos con una mano, luego con la otra y con las dos a la vez.
- Imite diversas acciones: envolver el trompo, lustrar los zapatos, escobillar la ropa, frotar un objeto, planchar la ropa y otras.

Rotación con dedos

El niño debe ejercitar movimientos de rotación antes de trazar círculos y semicírculos. Por ejemplo:

- En una caja de arena: hacer círculos y trazos libres, con un dedo o con varios a la vez. Estos ejercicios pueden ser acompañados por canciones o rimas, por ejemplo:

  a) "Este nidito, muy bien hechecito, lo hicieron los pajaritos, para sus hijitos".
  b) "Una pelota grande y otra chiquita".

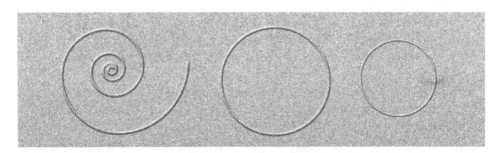

El bastón mortal

Para este juego el profesor indicará: "colóquense uno junto al otro formando un círculo. Pasen de mano en mano este bastón, de modo que dé vuelta al círculo. El bastón debe ir vertical y ser agarrado con las dos manos. En el momento en que yo silbe, el que tenga en sus manos el bastón quedará muerto; sin embargo, no se moverá de su lugar durante los siguientes juegos, sólo cruzará los brazos tras la espalda y no tocará nunca el bastón. Quedará muerto el que deje caer el bastón o no lo quiera tomar sin estar eliminado".

Este juego se complica, pues, al final, será preciso correr llevando el bastón al jugador más próximo que continúe con vida. El que silba, lo hará con los ojos vendados.

El cazador y los zorros

Campo de juego. Un patio de arena, césped o mosaicos.
Número de jugadores. 12 a 30.
Material. Ninguno.
Organización. Antes de comenzar el juego, se designará a dos alumnos: un "cazador" y su "ayudante".

El "cazador" con su "ayudante" o "perro" se localizarán en un ángulo del campo de juego; los demás, los "zorros", se dispersarán por el campo.

Desarrollo. A la señal de iniciar el juego, el "cazador" acompañado de su "perro" tratan de cazar a los "zorros", que se encuentran diseminados por el campo evitando ser cazados. Un "zorro" debe considerarse cazado, cuando el "cazador" le ha dado tres palmadas reglamentarias.

El juego continúa hasta que todos los "zorros" hayan sido cazados.

cazador

zorros

perro

El cóndor y las palomas

Útiles de juego. Esquineros e insignias.

El campo de juego estará en relación con el número de jugadores.

Al empezar el juego se elige a un cóndor, los demás serán palomas y se colocan en uno de los esquineros. El cóndor debe tener un distintivo, por ejemplo una fajita alrededor del brazo, y se coloca dentro del campo a unos seis pasos del esquinero. Al golpear él las manos, tienen que salir las palomas del esquinero, atravesar el campo y tratar de salvarse en el otro esquinero. El cóndor tiene, entre tanto, que agarrar a alguna de ellas, dándole una palmada. Ésta se convierte, entonces, en cóndor y se pone una fajita en el brazo.

El juego continúa hasta que todas las palomas se hayan convertido en cóndores.

Observaciones:

1. Cuando las palomas han salido de los esquineros, no pueden volver al esquinero del cual salieron.

2. Si las palomas no salen de su esquinero, los cóndores pueden ponerse muy cerca de ellas, gritando: "fuera, o si no las agarro adentro". Si nadie obedece, los cóndores tienen derecho a entrar en él.

3. No es permitido que las palomas, por medio de empujones, traten de impedir que los cóndores las agarren.

4. La paloma que salga de los límites del campo, se convierte en cóndor.

5. La paloma que primero sea alcanzada, será cóndor al empezar el nuevo juego.

Variante. Los jugadores se dividen en dos equipos. Uno es de cóndores y se reparten en el terreno; el otro es de palomas y se coloca en uno de los esquineros. El juego se realiza en la misma forma que el anterior, con la diferencia que las palomas tocadas no se convierten en cóndores, sino que se agrupan en un lugar determinado. Después que las palomas han corrido dos o tres veces, se cuentan las que no han sido tocadas y los equipos se cambian de rol en la repetición del juego. Cuando los dos equipos hayan corrido el número de veces convenidos, el que tenga menos jugadores alcanzados será el victorioso.

El gallito ciego

Organización. Todos los jugadores forman un círculo tomados de las manos. Uno de ellos, "el gallito ciego", se coloca al centro con los ojos vendados.

Desarrollo. Los del círculo giran haciendo ronda, hasta que el "gallito" da tres palmadas, rompe la cadena y se dispersan los jugadores. El ciego señala un punto cualquiera y el jugador señalado debe aproximarse a él, y si el gallito acierta el nombre palpándolo con las manos, éste será el nuevo ciego. En caso contrario, prosigue el juego.

El rescate

Organización. Los jugadores se dividen en dos bandos que formarán en columna de a uno con numeración sucesiva. A cuatro o cinco metros delante de las columnas, se marcará una línea que será la meta.

Desarrollo. Los números uno y dos de cada columna, a la señal de partida cargarán en silla de manos a los tres, llevándolo hasta la meta. Allí se quedarán los uno, volviendo los restantes para traer a los cuatro, quedándose los dos, luego los tres, cuatro, etc., hasta el último. Resulta ganador el equipo que termine primero la traslación de todos sus jugadores. En este juego, se imita el rescate de un incendio, los niños hacen las sillas-mano.

El toro en el corral

Campo de juego. Un patio enarenado, mosaicos o césped.
Número de jugadores. 12 a 30.
Organización. Los alumnos se forman en círculo, tomados de las manos. El alumno que oficiará de "toro", se colocará en el centro del círculo.
Desarrollo. El jugador que hace las veces del "toro", tratará de salir del corral, rompiendo las barreras, pasando por arriba o por abajo del círculo.

Si el "toro" consigue escaparse, todos los jugadores lo perseguirán por el campo de juego procurando atraparlo.

El jugador que logra atrapar al "toro", se convierte en éste. El "toro" solamente puede intentar salir del círculo dos veces, y si no lo logra, cambiará su puesto con otro jugador.

Juntemos parejas

En este pasatiempo se divertirán doblemente: primero recortando 24 cuadritos de cartulina de igual tamaño (o más si lo prefieren, pero siempre en número par) y dibujando parejas de animales, cosas o personas, o sea: dos perros, dos manzanas, dos culebras, etc., que colorearán lo más perfectamente posible. Esta es la primera parte del juego.

La segunda consiste en poner todas las figuras boca abajo; y por turno, cada jugador elegirá un cuadrito (o rectángulo), lo volteará para que lo vean y luego lo colocará como estaba. Se proseguirá jugando hasta que los participantes, poniendo en juego su memoria y atención, reúnan parejas, en cuyo caso, las tomarán. Ganará el que junte mayor número de parejas.

La paloma vuela

Organización. Los jugadores se colocarán en círculos, sin darse las manos; uno de ellos se colocará en el centro.

Desarrollo. El jugador del centro saltará imitando el vuelo de algún pájaro (sin cambiar de sitio) y en cada salto dirá el nombre de un animal cualquiera (ejemplo: vuelan, vuelan… las palomas, las cabras, etc.); únicamente cuando dice el nombre de un ave, deben imitarlo sus compañeros. Quien se equivoque irá al centro a reemplazarlo. Son infracciones dirigir el juego sin viveza, ni rapidez, debiéndosele separar del juego.

Las esquinas

Organización. Se traza en el patio o en terreno disponible, determinado número de marcas (esquinas) con rayas o círculos en el suelo, árboles, etc. El número de jugadores debe ser igual al de esquinas, más uno.

Desarrollo. A una señal, cada jugador ocupa una de las esquinas salvo el último que llega, quien se coloca al centro del terreno de juego y hace de "poste"; éste dirigirá el juego diciendo a la derecha o izquierda, y los jugadores en ronda irán a ese lado alejándose un poco de sus marcas respectivas. En cualquier momento "el poste" dirá "alto" y luego a sus "esquinas", a cuya voz todos corren a tomar sus puestos, momento que debe aprovechar "el poste" para ocupar un lugar. El que queda sin marcas hará a su vez de "poste" y se reinicia el juego. Puede también indicarse el cambio obligatorio con una palmada o bien con un toque de silbato corriendo todos hacia el poste y luego a sus esquinas.

Laberinto de zapatos

Organización. Se divide a los jugadores en varios grupos de igual número (cuatro, cinco, seis, etc.) y se designa por sorteo a un jefe. Todos los jugadores se descalzan y dejan sus zapatos en un lugar equidistante de la ubicación de los equipos, a unos 20 metros de los grupos que estarán en direcciones distintas.

Desarrollo. A la voz de "media vuelta, marchen", los equipos empiezan a caminar de espaldas, al lugar de los zapatos, momento que aprovecha el jefe para revolver el calzado formando un montoncito. A la segunda voz de "media vuelta" los jugadores corren a buscar sus zapatos y se los calzan en el mismo sitio para regresar lo más rápidamente posible a sus respectivos emplazamientos. El equipo que termine primero será el ganador, y el primero en llegar a su respectivo lugar reemplazará al jefe en el juego siguiente. El profesor debe vigilar la disciplina en este juego, evitando que los jugadores arrojen lejos el calzado o se pongan zapatos que no sean los suyos.

Es entretenido y divertido por los apuros de cada jugador para hallar sus zapatos.

Pelota a la pared

Se forma a los niños en línea frente a una pared y se les numera en orden correlativo. A uno de los niños se le entrega una bola, con preferencia de goma, éste la lanza a la pared, diciendo un número, el que se le ocurra, y vuelve a su sitio. El niño que ha sido nombrado tendrá que salir inmediatamente a tomar la bola, antes que ésta caiga al suelo y la volverá a lanzar nombrando otro número, y así sucesivamente.

Constituye falta grave no salir a tomar la bola al escuchar su número, dejarla caer al suelo y fastidiar a sus compañeros en la fila. El castigo consiste en no dejar al niño que lance la bola a la pared, y en último caso separándolo de la fila.

Variantes:

1) Lanzar la bola al aire y que el niño nombrado la tome sin dejarla caer al suelo.
2) Que un niño lance la bola hasta donde pueda y que el niño nombrado corra a traerla, mientras los demás cuentan, por ejemplo hasta veinte o treinta, según la distancia, y si no llega a tiempo, o sea al terminar de contar sus compañeros, no tendrá derecho a lanzar la bola nuevamente ni a nombrar otro número; por lo que el profesor nombrará al niño que mejor se porta en la fila para que lance nuevamente la bola.

Juegos de discriminación auditiva

Reconocer voces de personas. Los niños participarán en juegos como "La gallina ciega". En este juego tres o cuatro niños dicen una frase a otro niño, a quien le han vendado los ojos, y le piden que reconozca por la voz al niño que habla. Los niños repetirán dos o tres veces la misma frase, que puede ser un saludo, el nombre de un cuento, el título de una canción, etc.

Descubrir palabras que empiezan con igual sílaba. El profesor pedirá a los alumnos que digan palabras que empiezan, por ejemplo, por **la**: **la**na, **lá**piz, **la**guna, **la**ta, etc.

Distinguir palabras que terminan con la misma sílaba. El profesor pedirá a los alumnos que digan palabras que terminan por ejemplo, en **to**: pato, roto, rato, moto, auto.

Identificar objetos cuyos nombres empiezan con igual sonido. Se presentan dibujos de objetos cuyos nombres empiecen con **a**. Nombrará cada objeto e identificará el sonido de la letra **a**.

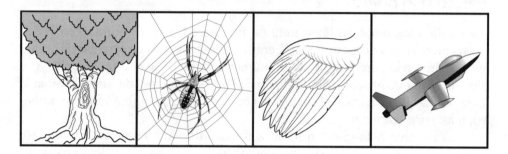

En igual forma procederá el docente para el reconocimiento de los sonidos de las otras vocales.

Recursos. Láminas con objetos.

Descubrir palabras que empiecen con la misma vocal. El profesor pedirá a los alumnos que digan palabras que empiezan, por ejemplo, con **i**: iglesia, isla, **h**ilo, **h**istoria.

Listar palabras que terminan en igual vocal. El profesor pedirá a los alumnos que digan palabras que terminan, por ejemplo, en **e**: caf**é**, Pep**e**, dulc**e**, padr**e**.

Distinguir palabras agudas. El profesor hace notar a sus alumnos que cada palabra se pronuncia de una manera especial, que por ejemplo se dice: ca**fé** y no **cá**fe, ca**mión** y no **cá**mion, mo**tor** y no **mó**tor.

Les pide luego que digan palabras que se pronuncian poniendo mayor fuerza de voz al final de la palabra, como por ejemplo: pa**pá**, ma**má**, a**jí**, Pe**rú**, bot**ón**, etc., marcando con una palmada la parte fuerte.

Juegos de memoria auditiva

Entre otros, consiste en:

Repetir palabras escuchadas. El niño escucha una frase, que para iniciar el ejercicio será breve. El profesor pide al niño que repita la primera y última palabra. Ejemplos: mamá me quiere, mañana iré al cine, papá me compró una pelota.

Repetir secuencias de palabras. El profesor inicia un juego diciendo, por ejemplo: un barco llegó cargado de telas, zapatos, vestidos, etc., o mi madre compró dulces, pasteles, helados, etc. Cada niño deberá decir un nombre diferente. El niño que repita un nombre queda eliminado. Esto obligará a todos los alumnos a prestar atención para no repetir lo ya dicho o para detectar un error.

Recordar rimas, poesías y canciones. El profesor enseña rimas, poesías y canciones. Pedirá a los niños que cada semana o cada 15 días digan rimas, poesías y canciones aprendidas.

Juegos de coordinación audio-motriz

Dar y ejecutar órdenes

El profesor dice a sus alumnos que les va a dar una serie de órdenes que sólo deberán cumplir cuando diga "dice Tula" (o cualquier otro nombre), pero que él siempre la cumplirá.

Pide entonces que se pongan de pie todos y da la primera orden:

—Dice Tula, las manos a la cabeza.

Y mientras pronuncia las palabras "dice Tula" él pone sus manos en la cabeza, y los alumnos deben imitarlo, cumpliendo la orden con gran rapidez.

Continúa el juego con órdenes similares:

—Dice Tula, las manos atrás.
—Dice Tula, arriba el pie derecho.
—Dice Tula, agárrate la nariz.
—Dice Tula, con la mano izquierda agárrate la oreja izquierda, etc.

En todos estos casos, el profesor cumple la orden al decir rápidamente "dice Tula". Pero, cuando cambia el nombre, por ejemplo "dice Pedro", "dice tu tía", etc., él cumple la orden pero no los alumnos. Pierde el niño que la cumple.

Cuando los alumnos han aprendido el juego, varios de ellos se encargan de dar las órdenes a sus compañeros, posteriormente se complica el juego. Por ejemplo, el profesor da la orden pero no agrega "dice Tula", cumple él la orden, pero no los alumnos. Pierde quien se equivoca. Continúa complicando el juego al dar una orden con la frase mágica correcta, pero él se equivoca al cumplir la orden. Dice por ejemplo: Dice Tula, manos a la cabeza y él se agarra el cuello, por lo cual los alumnos no deberán cumplir la orden.

Este juego de órdenes exige gran velocidad, y debe realizarse preferentemente en el patio u otro lugar amplio, con los alumnos formados en círculo.

La mayor parte del tiempo, las órdenes estarán a cargo de los propios alumnos, debiéndose hacer rotar a todos los alumnos en esta función.

El ratoncito

Lugar adecuado. El campo de recreo o un salón.

Material. Una campanilla o dos pequeñas piedras.

Número de participantes. Diez a 20. Apropiado para niños y niñas.

Los niños forman un círculo cerrado, tomándose de las manos. En el centro de éste, un niño provisto de la campanilla o dos piedras pequeñas, hace de ratón; otro, con los ojos vendados hace de gato. Éste llama de tiempo en tiempo: ¡Ratoncito!, y el ratón le responde con la campanilla o golpeando las piedras y cambiando inmediatamente de posición. Cuando el gato logra cazar al ratón, otros dos niños reinician el juego.

Si el gato no consigue su objetivo en un tiempo razonable, los dos jugadores deben ser reemplazados a fin de evitar el aburrimiento de los demás.

La gallina ciega

Material. Un pañuelo para vendar.

Disposición. Todos forman un círculo tomándose de la mano. Uno de los jugadores se coloca en el centro con los ojos vendados.

Reglas. A una señal del guía, todo el grupo da vueltas cantando. A una nueva señal termina el canto, cada uno se queda inmóvil, en silencio. La gallina ciega avanza entonces hacia uno de los jugadores, lo toca y debe adivinar quién es; si acierta, éste se convierte en gallina ciega y el otro se libra; si se equivoca, la gallina sigue una vez más.

Valor educativo. Desarrolla la orientación y el oído. Emoción.

Ratas y ratones

Terreno. Un patio, una pista.

Disposición. Los dos equipos, iguales en número y fuerza, se colocan en líneas paralelas distantes dos pasos una de otra. Detrás de cada equipo, como a unos diez pasos, se traza otra línea de refugio: hay que limitar el terreno a lo ancho. Un equipo será de las ratas; el otro, de los ratones.

Reglas. El guía cuenta una historia en la cual intervienen las palabras ratas y ratones. Cuando habla de ratas, todas las "ratas" huyen y son perseguidas por los ratones. Las pueden capturar con sólo tocarlas, mientras no hayan llegado a superar la línea de refugio. Uno solo de los que persiguen puede tocar a varios adversarios. Los presos se retiran del juego y los demás vuelven a su sitio.

Variantes. Si los jugadores son pocos, es mejor no eliminar, sino contar un punto por cada preso y que todos sigan jugando. El primer equipo que llegue a sumar 15 puntos, gana.

Juegos de silencio

Las prácticas de silencio tienen por objetivo afinar la sensibilidad auditiva de los niños, haciéndoles notar sonidos que generalmente pasan inadvertidos si hay ruidos más intensos. Si se hace guardar absoluto silencio a los alumnos, al extremo de que "se escuchen volar las moscas" como se dice, los niños podrán escuchar sonidos diversos como: alguien que habla, grita o canta a lo lejos, un auto que pasa, un perro que ladra en la casa vecina, las hojas de un árbol agitado por el viento, el murmullo del agua de un arroyo cercano, el canto de los pájaros, alguien que corta una tabla o maneja un martillo, los gritos de niños jugando en un patio, el canto de los alumnos de un aula cercana, etc.

Estas prácticas servirán para que los alumnos digan luego qué sonidos han escuchado, quiénes o qué los producían, a qué distancia y en qué dirección creen que se originaban, etc., e imaginar una situación en la que ocurrían; por ejemplo, que el ruido del martillo y el serrucho es del carpintero del barrio que probablemente está haciendo una silla, una mesa, una banca, etc.

Una vez realizada esta actividad, se podrán crear actividades complementarias como las siguientes:

1) Dividir a los alumnos en dos grupos que se dan las espaldas. Un alumno de uno de los grupos se pone de pie y habla un momento, refiriéndose por ejemplo a los sonidos que se escucharon en la práctica de silencio. Luego, los alumnos del otro grupo tratan de identificarlo

guiándose por su forma de hablar. Si logran reconocerlo, el alumno pasa a formar parte del grupo que lo identificó. Después un alumno de este grupo habla y los del otro tratan de identificarlo. Si no lo logran, pierden un alumno que pasa a formar parte del primer grupo. Al final, pierde el juego el grupo que se quede sin alumnos o que se reduce.

2) Manteniendo los dos grupos, los integrantes de uno producen un ruido, por ejemplo golpeando el suelo con un palo, o un palo con una piedra, etc. El otro grupo debe adivinar qué produce el sonido. Como en el caso anterior, el grupo que acierte gana un miembro y si no acierta pierde uno.

El juego silencioso

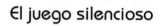
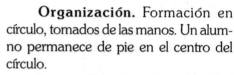

Organización. Formación en círculo, tomados de las manos. Un alumno permanece de pie en el centro del círculo.

Desarrollo. El jugador que está al centro hace algunas señas a un compañero para que vaya hacia él. Éste debe acercarse de puntillas y sin hacer ruido, y si no lo hace volverá a su sitio. El niño del centro llamará a otro, y así sucesivamente hasta que uno de ellos se aproxime al centro haciendo ruido o riéndose, en cuyo caso ocupará este lugar, pasando el anterior a ocupar el puesto vacante. Se cometen infracciones cuando se habla o hace ruido de cualquier modo, sin haber sido llamado.

Educa la voluntad, la disciplina y forma el hábito del silencio, como preparación para las clases ordinarias.

La conquista de la bandera

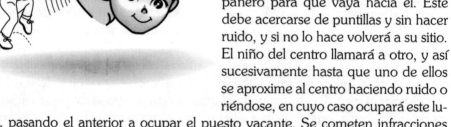

Se coloca una bandera en medio de un campo cubierto de piedras, ramas y hojas secas; junto a ella permanece un centinela con los ojos vendados. Los demás se retiran a unos veinte o treinta metros de distancia. El centinela da una señal y los demás jugadores se acercan silenciosamente; cada vez que oye ruido toca el silbato y señala el lugar por donde lo ha oído. Si es verdad que allí hay un jugador, éste queda eliminado. Si alguno puede llegar a la bandera sin ser descubierto, se proclama vencedor.

Juego para el control de emociones

No reírse

Se forman dos hileras, una de niñas y otra de niños, enfrentados a cierta distancia. Las niñas haciendo muecas y diciendo cosas graciosas, tienen que conseguir que los niños se rían. Los niños que se rían son eliminados. Cuando queda un solo niño, todas las niñas se colocan a su alrededor y tratan de hacerlo reír. Si no lo consiguen en seguida, ese niño es el vencedor.

Pero cuando ese niño se siente orgulloso por su triunfo, se le hace pagar una prenda o una multa, ¡por haber estropeado la reunión con su exceso de seriedad!

Está prohibido tocar al compañero o hacerle cosquillas.

Juegos para desarrollar la imaginación

Frío y calor

El profesor invita a los niños a recordar sus experiencias vividas para que expresen con el cuerpo las sensaciones imaginadas de frío y calor. El profesor narra lentamente la experiencia, y los niños irán expresando con todo el cuerpo las sensaciones imaginarias de calor y de frío. De lo contrario, los niños primero escuchan el argumento para luego interpretarlo. Ejemplo: "La colina":

Estamos en lo alto de una colina, el sol brilla esplendoroso, qué tibio está el ambiente, nos sentimos muy bien. Ahora nos echamos en la hierba. ¡Qué bello y despejado está el cielo! El sol calienta cada vez más. Sentimos calor ¡uff, uff!, ya estoy transpirando. ¿Pero, qué pasa en el cielo? Aparecen algunas nubes. Son grandes y oscuras, se acercan al sol y lo cubren. Se siente un poco de viento. ¡Huy!, empezó a llover, nos mojamos, ¿en dónde nos escondemos? ¡Ay!, ¡qué pena! Ya estamos mojados completamente; el viento continúa, y qué frío estoy sintiendo, burr, burr, ¡ay!, ya no puedo con este frío, y aumenta la lluvia, burr, qué frío, sigo buscando refugio para protegerme de la lluvia. Ajá, creo que ese árbol frondoso me servirá; corro, ahora sí, ¡ahhh!, qué bien me siento ahora, ya no me mojo, pero sigue el frío, no lo soporto.

Se alejan las nubes, la lluvia disminuye, cada vez llueve menos. ¡Qué felicidad!, ya no llueve. Salgo, ¡huy!, qué mojados estamos; el sol aparece, sí, el sol, me quitaré algunas ropas para que se sequen. Todavía siento frío. Ya salió completamente el sol, sus rayos empiezan a calentar, ¡que alegría!, ya quema más, me tenderé sobre este pasto para secarme. ¡Huy!, qué calor, es insoportable el sol, qué calor y ya estoy seco; ya estamos completamente secos, ahora nos vamos de nuevo a nuestra casita.

Es deseable que cada niño lo haga a su manera, con sus propias ideas, palabras y movimientos.

Palabras con las mismas iniciales

El juego consiste en que un niño dice una frase en que la palabra clave debe empezar con **a**, por ejemplo:
Mi abuelito se fue...
El segundo jugador repite la frase y la amplía, agregando otra palabra que empiece con **a**. Ejemplo:
Mi abuelito se fue a la Antártida...
El tercer jugador repite la frase anterior y agrupa una nueva palabra que empiece con **a**. Ejemplo:
Mi abuelito se fue la Antártida, a tocar el **a**cordeón...
Y así sucesivamente. El primero que se equivoca paga una prenda y reanuda el juego con una frase que tenga por clave una palabra que empiece con **B**. Por ejemplo:
Un bote iba...
Un bote iba para **B**elén...
Un bote iba para **B**elén a vender **b**ananas...
Un bote iba para **B**elén a vender **b**ananas de **B**olivia...
Un bote iba para **B**elén a vender **b**ananas de **B**olivia que son muy **b**uenas...

Juegos de destreza

1. **El toque de la oreja.** Consiste en tocarse la oreja derecha con un dedo de la mano izquierda. Con un dedo de la otra mano, tocarse la punta de la nariz.

   En seguida, rápidamente, mover las dos manos al mismo tiempo: con el dedo con que se tocó la oreja, tocarse la nariz; y con el que se tocó la nariz, tocarse la oreja izquierda.

2. **Los círculos contrarios.** (Para todos los grados.) Consiste en mover la mano derecha horizontalmente, describiendo una circunferencia. Levantar el pie derecho y tratar de describir con él también una circunferencia, pero en sentido contrario.

Coco está bien sentado

Material. Una pañoleta, asientos.

Organización. Los jugadores están sentados en círculos. Un jugador, Coco —con los ojos vendados— está en medio. A la señal, se sienta sobre las rodillas algún jugador.

Reglas. Coco hace la pregunta: ¿Coco está bien sentado? El jugador interrogado debe contestar: "Sí, Coco está bien sentado" (pudiendo cambiar de voz para no ser descubierto).

Al mismo jugador se le puede preguntar tres veces y éste contestar procurando no ser reconocido.

Si fuera descubierto, el jugador interrogado toma el lugar de Coco y éste se sienta. Cada vez que se cambia de "Coco", los jugadores cambian de lugar.

El manco es amo de su casa

Organización. Se marca en el suelo un círculo de dimensiones proporcionales al número de jugadores, quienes se colocarán en el interior del mismo.

Desarrollo. Los jugadores, a una señal dada, tratarán de empujarse fuera del círculo, con los hombros y con la espalda únicamente. El empleo de las manos no está permitido, por lo que será preferible que los jugadores crucen los brazos detrás de la espalda. El último jugador que queda dentro del círculo, después que hayan sido arrojados los demás, es el ganador.

La batalla

Organización. Número igual de jugadores para uno y otro bandos. El profesor o el jefe del juego designa a los jinetes y caballos en cada equipo. Los primeros escogen a los segundos, y cabalgados los jinetes se colocan frente a frente con separación de unos pasos.

Desarrollo. A una señal del jefe, los dos bandos se precipitan a la carrera. Cada jinete trata de derribar a su adversario, empujándolo sin emplear las manos; aquel que cae queda fuera de combate. El equipo que tiene mayor número de vencidos pierde la batalla. Luego se alternan los caballos y los jinetes y se prosigue el juego, que debe ser practicado en césped o arena. Es conveniente vigilar la disciplina y que no haya malicia. Debe emplearse sólo el cuerpo para derribar al adversario, escogerse bien a los jugadores y, de ser posible, preferirlos de idénticas condiciones físicas.

La cacería

Número de jugadores. Seis.

Organización. Los jugadores representan a las liebres. Circulan en un pasadizo de dos metros de ancho trazado alrededor del patio de juego. Otro jugador será el perro.

Reglas. A una señal, el perro cazador corre por el camino persiguiendo a las liebres. La carrera se efectúa siempre en el mismo sentido; sin embargo, si le parece útil, el perro puede voltearse y sorprender a las liebres que se acerquen mucho a él. No puede retroceder más de siete o diez pasos. Las liebres atrapadas son eliminadas, y ganan las que no son cazadas.

Observaciones. Si el perímetro del patio es demasiado grande, se utilizará una parte de éste. De ninguna manera el perímetro del pasadizo excederá de 30 m. De vez en cuando, el perro será reemplazado por otro jugador.

Variantes. El primero que sea atrapado, se une al perro para ayudarlo a cazar liebres. Cada liebre capturada se queda en el lugar donde la alcanzaron y con los brazos cruzados, de manera que dificulte atrapar a las demás que están sueltas.

Los ciegos con campana

Número de jugadores. Diez o más

Material. Dos vendas y dos campanas o silbatos.

Organización. Los jugadores forman un círculo y pueden sentarse. Dos jugadores designados por el animador tienen los ojos vendados y se colocan al interior del círculo, cada uno con una campana (o silbato) en la mano.

Reglas. Uno de los ciegos busca al otro, quien lo llama agitando la campana sin hacer demasiado ruido para escuchar la respuesta del otro. El segundo contesta agitando también su campana y después se desplaza hacia el primero, y lo persigue. Cuando es alcanzado uno de los ciegos, se nombran otros dos para continuar el juego.

Variante. Si el círculo fuese pequeño, el jugador perseguido debe estar sin venda.

Juegos para desarrollar conocimientos y memoria

Relevo de memoria

Número de jugadores. 15.

Material. Textos parecidos, para cada equipo, lápices, papel blanco (una hoja por grupo), algo para fijar las hojas.

Organización. El animador reparte a los jugadores en grupos de tres. Cada uno se compone de un empleado y dos viajeros; están a unos diez metros de su texto.

Reglas. A la señal, un viajero de cada grupo se acerca a su texto, lee algunas palabras esforzándose en retenerlas en la memoria y regresa a dictarlas al empleado. En seguida el otro viajero corre y hace lo mismo. El primero repite la acción, y así sucesivamente. Gana el grupo que primero logra la trascripción completa y exacta del mensaje.

Observaciones. Los viajeros parten alternativamente: hay que esperar el regreso del anterior antes de dejar el grupo.

Todos los errores en una palabra o en las cifras hacen perder puntos. El animador redactará el texto de unos 15 renglones. Contendrá varias cifras y largas enumeraciones, a fin de obligar a multiplicar los recorridos.

Tarjetas con nombres de personajes

Se preparan papelitos con nombres de personajes de cuentos famosos, o de personajes históricos, y se prende uno con un alfiler, a la espalda de cada participante. Nadie debe saber qué nombre tiene el papel que le han pegado; pero todos los demás pueden verlo y enterarse.

Después se forman parejas, y cada uno, mediante preguntas que le hace a su compañero, tiene que tratar de adivinar quién es. A cada pregunta, que debe ser contestada por la pareja, ésta tiene derecho a formular otra. Por ejemplo:

Juan: dime, ¿soy un personaje de cuento, o real?

Luisa: un personaje de cuento. ¿Y yo?

Juan: tú también eres un personaje de cuento. Y ahora dime: ¿tengo nariz muy larga?

Luisa: no. ¿Y yo? ¿Soy despreciada por mis hermanas?

Juan: sí.

Luisa: entonces ya sé. Yo soy la Cenicienta.

Puede jugarse con premios. Cada participante que consigue saber quién es, va recibiendo uno.

Este juego es muy apropiado para animar bailes, por ejemplo. Hay que elegir a los personajes de acuerdo con la edad y los conocimientos de quienes intervienen en él.

Juegos de ingenio

¿Cómo adivinar la hora?

Dispon un círculo, como si fuesen las horas de un reloj, con cartas de la baraja francesa (la J es el 11 y el rey, el 12). Píde a un amigo que piense en una hora, del uno al 12. Dile que vas a ir golpeando con un dedo en distintas horas, por ejemplo en las ocho, las nueve, las siete, etc. Tu amigo debe, mentalmente, sumar, a la hora que pensó, los golpes que des. Cuando llegues a 20, tu amigo debe decir "Basta". Y en ese momento tendrás el dedo sobre la hora que tu amigo pensó. Muestra la carta, para demostrarle que has adivinado la hora.

Para conseguir "el gran acto de adivinación", da los primeros siete golpes, salteados, en cualquier orden sobre las cartas. Pero da el octavo sobre las 12, el noveno, sobre las 11, y sigue así, en orden: el décimo sobre el diez, el undécimo sobre las nueve, etc.

¿Cómo leer el pensamiento?

Esta es una prueba con la que dos niños pueden desconcertar a las personas mayores. A ambos se les vendan bien los ojos.

Un amigo, que es su ayudante, se sienta mirando la pared. El mago se traslada a otra habitación, mientras tanto, cualquiera de los presentes dice un número que el mago debe adivinar: el 43 525, por ejemplo.

El mago vuelve, apoya los dedos en la sienes de su ayudante, se concentra y al rato anuncia: 43 525.

Para transmitirle el número, su ayudante va apretando las mandíbulas. Bajo las yemas de los dedos el mago siente que los músculos de las sienes se contraen; el mago cuenta las contracciones: una, dos, tres, cuatro... Ya tiene el primer número. Una, dos, tres... Ya tiene el segundo. Y así puede "recibir" la cantidad total. El cero es una pausa larga.

Juegos psicomotrices

A cada uno su silla

Material. Local chico, con sillas para todos, menos uno. O en lugar de sillas, círculos en el suelo.

Disposición. Las sillas están en círculo a cierta distancia de las paredes, de modo que se pueda pasar cómodamente entre la pared y las sillas. No juntarlas mucho.

Reglas. Los niños empiezan a caminar alrededor de las sillas, cantando. Cuando el guía silba, todos tratan de sentarse, pero como falta una silla, uno se queda sin asiento y es eliminado.

En seguida se retira otra silla del círculo y el juego prosigue hasta que quede un solo jugador con su silla. Este último gana.

Blanco y negro

Material. Cubo blanco y negro.

Instrucciones. Dos equipos iguales se alinean uno frente a otro con un metro de separación. Un equipo es designado como blanco, el otro como negro. Cada equipo tiene una meta, situada al menos a ocho metros detrás de ellos. El capitán tiene un gran cubo pintado de blanco en tres lados y de negro en los otros tres. El cubo se hace rodar entre los dos equipos. Si el cubo se detiene con un lado blanco arriba, el equipo blanco debe girar y correr hacia su meta, mientras el equipo negro le persigue y agarra a tantos jugadores como pueda. Si queda arriba un lado negro, los negros corren hacia su base perseguidos por los blancos. En los primeros grados, los atrapados pasan al otro bando; en los grados superiores, permanecen en su bando, pero se anota un punto por cada jugador atrapado.

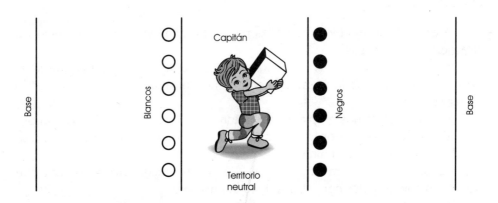

Bola en el túnel

Lugar adecuado. El campo de recreo.

Material. Dos pelotas de futbol o de basquetbol.

Los niños se dividen en dos equipos iguales y forman dos filas paralelas con los pies separados y el cuerpo inclinado hacia adelante. En esta posición, el primer jugador de cada equipo tira la bola al segundo, por debajo de sus piernas, éste la pasa al tercero, y así sucesivamente, hasta que llega al último. Éste toma la bola y corre a colocarse delante de la fila, en el primer puesto. Se repite el juego hasta que interviene el último de la fila. Gana el juego el equipo que termina antes.

Campo azul

Material. Una pelota.

Terreno. Un patio muy grande.

Disposición. Los jugadores repartidos en dos equipos, están diseminados en el patio.

Reglas. Los jugadores de cada equipo tratan de hacer siete pases consecutivos sin que la pelota caiga al suelo o llegue a las manos del adversario.

El jefe lanza la pelota al centro del terreno. No se debe pasar la pelota de mano a mano, sino lanzarla; ni se debe devolver al que la tiró. No se debe arrancar la pelota de las manos del adversario, ni tocar a un jugador. Está permitido correr con la pelota.

Tal vez sea útil un distintivo, para evitar la confusión.

Valor educativo. Este juego ayuda a desarrollar la puntería, la perseverancia y el espíritu de equipo.

Cara a cara

Lugar adecuado. El campo de recreo.

Número de participantes. Seis o más (se procura que sea un número par).

Los niños forman un círculo doble. Cada uno da la cara a su pareja. Un jugador que está solo en el centro del círculo ordena: ¡Espalda con espalda! Entonces cada uno dará la espalda a su pareja. ¡Cara a Cara! Las parejas volverán a su posición anterior. Las órdenes se repetirán y serán obedecidas varias veces, hasta que el dirigente dice: ¡Cambiar parejas! Todos se mueven para cambiar de pareja y el dirigente aprovecha ese momento para conseguir la suya. El jugador que resulta sin pareja, pasa al centro del círculo y el juego se repite bajo sus órdenes.

Carrera de las piedras preciosas

Material. Piedras cuyos números varían según la cantidad de jugadores.

Organización. Se traza una línea en el suelo que será la salida, y perpendicular a ésta, pasadizos —uno por jugador—, de cinco metros y al final de cada pasadizo se colocan cinco o diez piedras.

Los competidores se colocan en la línea de salida, frente a su respectivo pasadizo.

Instrucciones. A la señal, todos salen corriendo y deben recoger la primera piedra y llevarla a la línea de salida, luego deben ir por la segunda y llevarla a dicha línea y así hasta la última. Gana el que traslade primero las cinco o diez piedras.

Observaciones. Las piedras deben estar muy bien colocadas sobre la línea de salida.

Carrera de pelotas

Material. Dos pelotas.

Los jugadores están colocados en círculo a una pequeña distancia uno del otro y numerados. El número de participantes debe ser par. El director de juegos entrega una pelota al jugador número uno y otra al número dos. A una señal, las pelotas han de girar alrededor del círculo, de forma que la que está en poder del jugador "uno" circule entre los jugadores impares y la que posee el "dos", entre los pares. Cada vez que las pelotas pasen por su correspondiente origen, se le cuenta un punto al equipo. El equipo que logra dar con menos tiempo diez vueltas a la pelota es el ganador.

Cuatro hombres se persiguen

Jugadores. Diez a 20.

Instrucciones. Los jugadores forman un círculo. Numérense de cuatro en cuatro. El director grita un número de uno a cuatro. Todos los jugadores que tienen el número enunciado dan un paso hacia afuera del círculo y persiguen a todos los corredores que tienen el mismo número. Mientras el número uno está persiguiendo al número uno que le precede, debe correr con suficiente rapidez para evitar que el número uno que tiene detrás lo atrape.

Caza de fieras

Lugar adecuado. Un lugar amplio.

Número de participantes. De 12 a 50.

Los jugadores divididos en grupos de cinco, se colocan en un extremo del campo de juego. Cada grupo adopta el nombre de alguna fiera: leones, tigres, osos, leopardos, panteras, toros bravos, etc. Dos de los niños, colocados en medio del campo, son los cazadores.

El dirigente del juego llama por su nombre a cualquier grupo de fieras. Entonces, éste debe atravesar el campo corriendo, desafiando a los cazadores hasta el otro extremo, y luego, volver a su guarida. Los cazadores aprovechan esta oportunidad para atraparlas. Las fieras capturadas permanecen en un recinto, lejos de la guarida. El dirigente va llamando a los otros grupos de fieras, hasta que todas han tenido oportunidad de cruzar el campo, exponiéndose a ser cazadas.

El juego se repite con otras parejas de cazadores. Al final, ganan el juego los cazadores que han capturado mayor número de fieras.

Duendes y hadas

Instrucciones. Divídanse los jugadores en dos grupos de igual número: duendes y hadas. Cada equipo se coloca detrás de una línea de meta y cada uno nombra a un jugador como vigía. Los duendes dan la espalda a las hadas y éstas caminan hacia ellos. Cuando el duende vigía ve que las hadas están bastante cerca para ser atrapadas, grita: "cuidado con las hadas". Esta es la señal para que los duendes se den vuelta y persigan a las hadas hasta su meta, atrapando a tantas como puedan antes que la última cruce la línea de seguridad. Todas las hadas que han sido atrapadas antes de llegar a su meta deben irse con el grupo de los duendes hacia la línea de éstos. Lo mismo se hace con las hadas de espaldas y los duendes caminando hacia ellas. Al final del juego, gana el grupo que tiene mayor número de jugadores.

Sugerencias. Niños contra niñas es divertido.

El bastón plantado

Se traza un círculo. Un jugador con los ojos vendados debe intentar plantar un bastón puntiagudo en el centro de ese círculo. Se guiará por las voces de sus compañeros de grupo, que le irán indicando: caliente, frío, etc. Cada jugador quedará clasificado según el tiempo que haya invertido en la prueba.

El cazador

Número de jugadores. Diez a 20.

Instrucciones. Un jugador es el cazador. Camina alrededor del círculo formado por los participantes y dice: "voy a cazar y te cazaré a ti, a ti y a ti" (tocando ligeramente la cabeza de los jugadores designados). Los jugadores que el cazador ha indicado le van siguiendo hasta que él dice: "¡Pun!" Entonces los jugadores designados corren hacia sus asientos o lugares en el círculo. El primero que llega a su lugar será el nuevo cazador. Si se juega en un área suficientemente grande, todos saldrán para la cacería. Si la clase es muy numerosa, divídanse los jugadores en grupos y asígnense los nombres de animales; leones, tigres, osos.

Sugerencias. Cuando se juega en el aula se puede dar nombre especial a cada fila, para que ésta salga completa. El juego puede relacionarse con el tema de las lecciones.

El cazador, el gorrión y la abeja

Organización. Los jugadores, a excepción de tres, forman un círculo, dándose la mano. Los tres restantes separados por espacios iguales, hacen uno de cazador, otro de gorrión y otro de abeja.

Desarrollo. El cazador persigue al gorrión, pero debe librarse de la abeja; el gorrión persigue a la abeja pero debe librarse del cazador. Se persiguen corriendo dentro y fuera del círculo y cuando cada cual ha capturado a su presa, tres nuevos jugadores vienen a reemplazarlos y sigue el juego. Serán retirados del juego los niños que dificulten la carrera de los otros tres.

Favorece la división de la atención enfocándola a diferentes objetos.

El cazador y el guardabosque

Edad. De seis a ocho años.
Material. Un pañuelo.
Número de jugadores. Diez o más.
Organización. Los jugadores agarrados de la mano forman un círculo, dejando entre ellos una distancia de un paso. El cazador se retira a su cabaña; que será un extremo del terreno, mientras que el animador designa a un jugador del círculo, que será el guardabosque.

En el centro del círculo se coloca un pañuelo o cualquier otro objeto que hará de conejo. El cazador ingresa al círculo por entre los jugadores que se sueltan los brazos y tendrá que salir por ese mismo lugar. Cuidándose mucho, se acerca al conejo y apenas lo agarra, se escapa. El guardabosque comienza a perseguirlo y si lo toca, el cazador pierde.

Si el cazador llega a su cabaña sin ser alcanzado por el guardabosque, ha ganado y se cambian los jugadores designándose nuevo cazador y otro guardabosque.

El oso

Material. Una cuerda de un metro.

Organización. Uno de los jugadores será el oso. Se encuentra en un círculo trazado en el suelo, de un metro de diámetro.

El oso escoge un guardián. Éste ata la cuerda alrededor de un brazo del oso y agarra el otro extremo.

Reglas. Los jugadores deben tratar de tocar al oso sin que los agarre el guardián.

El jugador que se deja tocar por el guardián o que por descuido le pega a éste, reemplaza al oso, quien a su vez, se vuelve guardián del nuevo oso.

El zorro y el conejo

Material. Dos bolas de diferente tamaño.

Los niños forman un amplio círculo separados unos de otros por un metro o más. La bola mayor es el zorro y la pequeña el conejo. Se hace correr a las dos bolas hacia la derecha, de mano en mano. El conejo debe llevar alguna ventaja inicial. El zorro "corre" a cazarlo. El niño que permite que el zorro toque al conejo entrega una prenda para cumplir después una pena que puede consistir en hacer de espejo o algo similar.

Juego de los cántaros

Colóquense en tres columnas (la fila de en medio, con un jugador menos que las filas laterales)... Los de la fila central ponen sus manos en las caderas formando una "jarra" y los demás dan vueltas alrededor, cantando. A una señal, cada uno de los cantores procurará pasar su brazo derecho por el "asa" de una "jarra". Los dos jugadores que no han encontrado "asa" quedan eliminados o pagan prenda.

Granitos de arena

Jugadores. Más de diez.

Material. Arena, tres cucharitas, tres vasijas chicas.

Organización. Los jugadores se dividen en tres equipos iguales formados en fila india. A un metro delante del primero de cada equipo se coloca la arena, y detrás de cada último, un recipiente pequeño. Entre cada persona debe haber un metro de distancia.

Reglas. A la señal, los primeros llenan la cucharita con arena y la pasan al segundo de su equipo, éste al tercero y así hasta el último, quien echa la arena, en el recipiente y devuelve la cucharita al penúltimo. Así la pasan hasta el primero sin moverse de su sitio, y sigue la operación hasta llenar la vasija. El primero que termina gana.

Valor educativo. Desarrolla el espíritu de equipo y el equilibrio.

La alfombra mágica

Instrucciones. Trácense en el suelo varios cuadros que representarán las alfombras. Los jugadores siguen al guía designado, quien salta o corre por encima de las alfombras mágicas procurando no pisarlas. A una señal del profesor, todos los jugadores deben detenerse donde se encuentran. Los que sean atrapados sobre las alfombras mágicas saldrán del juego hasta la vez siguiente o bien dirigirán un ejercicio de la clase, o se les permitirán tres faltas antes de ser eliminados. Las señales para detenerse pueden ser: la súbita interrupción de la música, palmoteo, silbido o cualquier otra.

Sugerencias. Haga las alfombras lo suficientemente grandes para que los jugadores no puedan atravesarlas de un solo paso. No elimine a la primera falta, imponga castigos menos severos.

Las ardillas

Material. Un silbato.

Organización. Los jugadores están en círculo por grupitos de tres. Dos se agarran de las manos formando una jaula, y uno se coloca dentro de ésta: es la ardilla. En el centro del círculo hay una ardilla sin jaula.

Reglas. A la señal, todas las ardillas deben cambiar de jaula. El jugador del centro trata de entrar en una de ellas. El que no encuentra jaula se va al centro, y sigue el juego.

Después de un tiempo se cambian los papeles de los jugadores para que todos lleguen a ser ardillas.

Variantes:

1. Si son pocos jugadores se pueden reemplazar las jaulas por círculos trazados con tiza.

2. Dos ardillas están sin casa. Una persigue a la otra para salvarse; la que es perseguida se mete a cualquier jaula y la dueña se escapa, perseguida a su vez. Si es alcanzada, ella persigue a la otra.

Los cangrejos

Número de jugadores. Diez o más.

Organización. Trazar líneas con una separación de entre diez y 15 metros, según la edad de los jugadores.

Sobre una de las líneas, los jugadores se juntan por parejas y espaldas contra espaldas. Hay que ponerlos por edad, tamaño y peso, entrelazando sus brazos.

Reglas. Se trata de llegar a la otra línea que es la meta; uno, caminando hacia adelante y el otro, hacia atrás. Una vez que han llegado a la meta, los jugadores vuelven hacia el punto de partida, sin cambiar de posición. El que caminaba normalmente, ahora retrocede y el que retrocedía, ahora caminará en forma normal.

Los ciegos

Disposición. Los jugadores se dividen en dos equipos. Los integrantes de cada uno se forman en fila. A cada participante se le asigna un número consecutivo.

Delante de cada equipo y a diez metros de la línea de salida, se traza un círculo de medio metro de diámetro. El jugador número dos de cada fila tiene dos pañuelos. A la señal, éste venda los ojos del número uno con un pañuelo y le da el otro para que lo coloque dentro del círculo y vuelva inmediatamente para tocar al número dos, a quien entrega el pañuelo que hace de venda y va al final de su fila.

El número dos, que ha sido vendado por el número tres, marcha a buscar, a ciegas, el pañuelo colocado dentro del círculo, para entregarlo al número tres, que con los ojos vendados por el número cuatro vuelve a colocarlo dentro del círculo, y así continúa el juego hasta que se acaba la fila. Únicamente el jugador que ha vendado los ojos del que le precede, puede guiar al "ciego" en su ida o en su venida, gritando, por ejemplo, "adelante", "atrás", etc.

Los naipes

Material. Uno o dos juegos de cartas, separadas negras de rojas.
Terreno. Campo amplio.
Organización. Los jugadores se dividen en dos equipos —negros y rojos—. Se determinan dos bases de unos cinco metros por lado a cada extremo del campo de juego.

El equipo rojo tiene que llevar un máximo de cartas rojas a la base negra.

Reglas. Un jugador de cada equipo sale corriendo de su base hacia la base contraria. Cuando los dos jugadores adversos se encuentran, muestran sus cartas y la carta mayor se lleva la otra. El jugador que ya no tiene carta, vuelve a su base a buscar otra. Después de unos 20 o 30 minutos se cuentan los puntos que ha juntado cada equipo, y gana el que tiene más. Para calcularlos se puede adoptar cualquier sistema. Por ejemplo, un punto por carta; pero un trío seguido del mismo color vale cinco; cuatro cartas seguidas valen diez y cinco cartas valen 15.

Nota. Sólo el dos mata al As.
- Las cartas confiscadas no se vuelven a usar.
- Cuando se muestran dos números iguales, se saludan y regresan a sus bases.

Valor educativo. Espíritu de equipo, táctica, velocidad.

Padre Francisco

Juego para niños de seis a ocho años.

Organización. Todos los jugadores se encuentran en el patio, el padre Francisco está en el centro del mismo, de espalda a los jugadores.

Reglas. El padre Francisco escoge un número del cero al diez. Los jugadores avanzan hasta quedar a unos cinco metros del padre y le preguntan:

—¿Cuántos pollos tiene, padre Francisco?

—Todos los que puedo alcanzar— responde él.

Entonces los niños empiezan a contar: uno, dos, tres, etc., hasta que lleguen al número escogido por el padre; al escuchar el número que eligió (sólo él y el animador lo saben) el padre Francisco los persigue. Los niños empiezan a correr hacia la línea del fondo. Todos los jugadores tocados por el padre Francisco quedan fuera del juego, formando un círculo alrededor de él y en medio del patio.

El padre Francisco escoge otro número que sólo él y los "presos" conocerán, y tiene derecho a perseguir a los "pollos" restantes. El juego acaba cuando no queda nadie por atrapar.

Relevo bus

Material. Tantas sillas como jugadores. Carpetas.

Disposición. Se colocan las sillas en dos o tres columnas de igual núme-ro, en un extremo de la sala.

Reglas. A la señal del guía, el primer jugador de cada equipo, con una carpeta en la mano, corre hacia la pared opuesta, mientras tanto, todos los juga-dores avanzan un asiento dejando el último libre. Después de tocar la pared, el jugador regresa a la última silla y entrega la carpeta al penúltimo, quien la hace pasar hasta el primero. Éste repite la operación, después el siguiente, y así sucesivamente, hasta que todos vuelvan al sitio inicial. Gana el equipo que termina primero.

Valor educativo. Desarrolla la atención, la velocidad, el espíritu de equi-po y la alegría.

Nota. Este juego sale muy bien en un salón de clase, entregando un pe-dazo de tiza a cada equipo y trazando un círculo frente a cada columna en la pizarra. Cada niño marcará una raya en su círculo.

Juegos para niños de ocho a diez años
(Segundo a cuarto grados de primaria)

Balón en zigzag

Organización. Se divide a los niños en dos bandos con su jefe cada uno. Los equipos se forman en dos filas, frente a frente, a cuatro o seis pasos de distancia, quedando alternados. Son necesarias dos pelotas que se entregan a cada jefe de grupo.

Desarrollo. Al darse la señal, los equipos previamente numerados en orden sucesivo, inician el juego, lanzando la pelota de uno al dos, el tres al cuatro, etc., hasta el último, regresando en igual forma hasta el uno, dándose un punto el equipo ganador. Se pierden puntos cuando se saltan a algún componente del equipo. Puede alternarse el juego colocándose los jugadores en una columna, pasándose la bola por detrás de la cabeza, volviendo desde el último por debajo de las piernas. Se puede colocar de jueces a los niños que sobren al hacer los equipos.

Cambiando de lugar

Organización. Formación en círculo numerándose sucesivamente todos los jugadores. Un jugador se coloca en el centro.

Desarrollo. El niño del centro dirá dos números cualesquiera, por ejemplo cinco y dos; éstos deben cambiar de lugar, lo que el del centro aprovechará para tratar de ocupar un sitio, y dirigirá el juego el que queda sin puesto. Los jugadores, aun cuando cambian de lugar, conservarán sus números primitivos para evitar confusión. También se puede marcar los números en el suelo.

Carrera de chivo

Organización. Formación de los jugadores numerados, en dos o más columnas, con las piernas bien separadas. Se les entrega una pelota a los jugadores de adelante.

Desarrollo. A una señal dada, los primeros jugadores que tienen la pelota, la pasarán rápidamente para atrás, rodándola por entre las piernas de los jugadores, hasta que llegue al último niño de cada columna, quien la para y la lleva a cabezazos, caminando en cuatro pies, hasta cruzar una línea que se marcará de antemano, y apenas la cruce tomará la bola con las manos, colocándose delante de la columna para reiniciar el juego. La carrera terminará cuando el último jugador haya cruzado la línea de llegada, triunfando la columna que terminó primero.

Carrera de equilibristas

Se trazan dos líneas: una de partida y otra de llegada, separadas 30 metros una de otra. Se alinean los alumnos; a cada uno se le da una caja de fósforos o cualquier objeto pequeño que debe colocar sobre la cabeza. A una señal dada, parten todos lo más a prisa posible sin dejar caer lo que llevan sobre la cabeza; aquel que lo deja caer, es eliminado del juego.

Quien primero alcance la línea de llegada con el objeto en la cabeza, será el vencedor.

Condición especial. No es permitido asegurar el objeto con las manos o de otra manera.

Carrera de prendas

Organización. Se forman varios grupos con el mismo número de jugadores (cuatro, cinco, seis, etc.), colocados en columnas separadas dos metros una de otra. A una distancia variable, según la edad de los pequeños (10 a 20 metros) se marcan unas líneas. Se elige un jefe para dirigir el juego, o se puede comenzar a la orden del profesor.

Desarrollo. A una señal del jefe, y los jugadores numerados previamente, los números uno de cada grupo se quitarán los zapatos, camisas y otras prendas de vestir que se convenga, y las llevarán hacia la línea, en dirección a su columna, volviendo a darle la mano a los números dos, quienes harán lo mismo hasta terminar la columna; los que corrieron antes volverán a colocarse en el mismo orden detrás del último. Cuando ha vuelto el último de la columna saldrán de nuevo los "unos" para dirigirse a la línea donde dejaron sus prendas y se les pondrán en ese lugar, regresando otra vez a su columna. Los seguirán los dos, tres, cuatro, hasta el último, siendo ganador el equipo cuyo último jugador termine primero. Son infracciones comenzar antes que le den la mano y correr antes de haberse puesto correctamente las prendas que se hayan elegido para el juego.

Conseguir la bandera

Material. Una banderita con asta de 40 centímetros.

Organización. Un alumno, encargado de vigilar la banderita, será el "vigilante", quien se ubicará en el centro del campo de juego.

Los otros jugadores se encontrarán dispersos por el campo.

Desarrollo. Los alumnos tratan de tomar la banderita, corriendo alrededor de ella sin ser tocados por el "vigilante". El alumno que la consigue es perseguido por aquél. Si antes de ser tomada la banderita, el vigilante toca a un jugador, éste le reemplazará en su puesto. El alumno que obtiene la banderita, huye seguido por el vigilante; el perseguido, antes de ser tocado, entrega la banderita a otro jugador, y éste se convierte en perseguido, y así se desarrolla el juego. El jugador que se deje prender, pasará a ser vigilante.

Dame lumbre

Material. Un bastón.

Los jugadores, separados unos de otros, forman un círculo; los sitios ocupados están marcados con tiza o por una piedra; un jugador, el jefe, está de pie en medio del círculo con el bastón en la mano. El jefe marcha por el interior del círculo, apoyándose en un bastón; se aproxima a uno de los jugadores y le dice "dame lumbre"; éste responde: "ve a casa del vecino". El jefe continúa su paseo; va hacia otros jugadores repitiendo la petición y recibiendo la misma respuesta. Durante este tiempo, algunos jugadores cambian de sitio unos con otros, y el jefe trata de instalarse en alguno. Si logra hacerlo, suelta el bastón y el jugador excedente lo toma y hace el papel de jefe. Si después de haber paseado cierto tiempo, el jefe no consigue ocupar algún sitio, tira el bastón al suelo, diciendo "se ha apagado el fuego". Entonces, todos los jugadores deben cambiar de lugar, y es más fácil para el jefe apoderarse de alguno.

Los jugadores del círculo pueden estar de pie o sentados. Es falta no cambiar de sitio con rapidez.

El guardián

En el centro de un gran círculo se coloca una lata de conservas, y a un lado un jugador que hará de guardián. Los demás participantes intentarán dar un puntapié a la lata para sacarla del círculo, y cuando uno lo consigue, todos los jugadores escapan y se esconden.

El vigilante coloca la lata en su sitio y va a buscar a los escondidos; pero no debe alejarse mucho, pues en su ausencia pueden volver a sacar la lata. Si ve a uno de los jugadores, le llamará por su nombre y se irá corriendo al círculo para tocar la lata, antes que llegue el otro. Si el vigilante consigue su objeto, el jugador que ha sido descubierto pasará a ser su asistente. El guardián sale de nuevo a buscar jugadores; y si los encuentra y acierta sus nombres y llega antes al círculo, los irá convirtiendo en asistentes, éstos tocarán la lata cuando se acerque algún enemigo para evitar que se la lleven. Cuando la mitad más uno de los jugadores sean asistentes, se comenzará el juego escogiendo un nuevo guardián.

El pastor y el comerciante

Organización. Dos niños tomarán los nombres de "pastor" y "comerciante", mientras el resto de los jugadores forman el rebaño, tomando cada uno el nombre de un animal que más fácilmente pueda imitar. El pastor debe estar enterado del nombre que los jugadores han elegido, mientras que el comerciante permanece lejos del rebaño, ignorando el nombre de los animales. Al extremo del campo se marca el redil donde el pastor guarda el rebaño, y a cierta distancia de éste se hace una marca.

Desarrollo. El comerciante se acerca al pastor y le pregunta por un animal cualquiera (caballo, cabra, toro, etc.), luego su precio y pide rebaja. Cuando han quedado en un precio, por ejemplo dos mil pesos, el comerciante hace el ademán de entregarle el dinero al pastor; mientras tanto el animal que se pretende comprar sale corriendo del redil y si el comerciante logra atraparlo lo convierte en suyo (si es perro, lo tratará como perro; si es toro, como toro, etc.) e intentará impedir que otro animal vuelva al redil, pero sin tocarlo. Si el comerciante no logra tocar al animal que pensó comprar y éste vuelve al redil, sale todo el rebaño imitando cada cual al animal que representa y persiguen al comerciante hasta que éste se coloca en el espacio marcado de antemano. Si el comprador es tocado, el animal que lo tocó pasa a ser negociante, y si no, el comerciante inicia otra compra. Son infracciones actuar antes de que corresponda, o no imitar lo mejor posible al animal que representa. Este juego educa la atención.

El tercero está de más

Número de jugadores. 12 a 30.

Los jugadores se colocan por parejas, uno delante de otro, en dos círculos concéntricos; las parejas se distancian dos o tres pasos. Se designan dos corredores —un perseguido y un perseguidor—. El primero trata de escapar del perseguidor, colocándose ante una de las parejas. Entonces el jugador que queda atrás, o sea en tercer lugar, trata de salvarse, corriendo a ponerse delante de otra pareja.

Si el que huye es tocado por el perseguidor, los papeles se cambian: el segundo trata de colocarse delante de una pareja, y el primero se convierte en perseguidor. Es de notar que solamente el perseguidor tiene autorización para atravesar el círculo.

Faltas. Efectuar los cambios muy lentamente y correr mucho tiempo sin tomar puesto.

Variantes:

1. Si los jugadores son pocos, forman simplemente un círculo; se eligen un perseguidor y un perseguido, y el juego se convierte en: "Uno es bastante, dos es mucho".

2. Los jugadores siempre están dispuestos por parejas; pero están vueltos uno frente a otro tomados de la mano. Entonces el perseguido introduce la cabeza por entre los brazos de la pareja y le da la espalda a uno de los jugadores. El que está detrás se salva.

3. La disposición de los alumnos puede ser igual a cualquiera de las formas anteriormente indicadas. La diferencia consiste en que el tercero no es el perseguido sino el perseguidor; o sea, que cuando el perseguido se coloca delante de una de las parejas, el que queda de tercero sale corriendo tras el perseguidor y, por consecuencia, éste se transforma en perseguido.

El pañuelo volante

Campo de juego. Un salón con piso de madera, un patio enarenado, o con césped

Material. Un pañuelo.

Organización. Los jugadores se encuentran de rodillas, formados en círculo, con los brazos en alto y la espalda hacia el centro. Uno de los alumnos está de pie en el exterior del círculo y sostiene un pañuelo en la mano.

Desarrollo. El jugador que se encuentra fuera del círculo, corriendo hace pasar el pañuelo por encima de las manos de los jugadores de modo que éstos puedan tocarlo.

El que consigue atraparlo, reemplaza al corredor, este último se pone de rodillas en el sitio que queda vacante, y el juego continúa.

Faltas. Se considera falta sentarse sobre los talones, lo que ocasiona una desigual longitud de los brazos.

El zorro rengo

Número de jugadores. Diez a 30.

Organización. En las esquinas opuestas del campo de juego se marcarán dos espacios: uno será la cueva del zorro y el otro el gallinero. Se escogerá un jugador que hará de zorro, ubicándose en la cueva; los demás serán los polluelos.

Desarrollo. Los polluelos se acercan a la cueva del zorro desafiándole a salir. Éste podrá salir cuando lo crea conveniente; en esta forma correrá tres pasos en cualquier dirección y después tendrá que saltar sobre un pie, persiguiendo a los polluelos, cada uno que haya sido tocado se convierte en zorro y marchará a la cueva para ayudar a cazar.

Todos tendrán que observar la misma regla de saltar sobre un pie. Si alguno de los zorros pone los dos pies en el suelo, los polluelos tienen derecho a echarle hacia la cueva, pegándole en la espalda suavemente. Todo polluelo que llegue al gallinero estará a salvo. El jugador que ha sido apresado en último término, ganará el juego y será el zorro en el siguiente juego.

El vigilante

Organización. Un jugador (el vigilante) esconde la cabeza entre los brazos y se apoya contra la pared, un árbol, etc. Los demás se colocarán detrás de él a diez o 12 metros.

Desarrollo. Los jugadores se aproximarán al vigilante, ya sea caminando o corriendo, para tratar de darle una ligera palmada en la espalda, pero él puede volverse súbitamente y si sorprende a cualquiera de los jugadores moviéndose, lo señala y éste debe volver de inmediato a su puesto o punto de partida. Los jugadores deben estar quietos cuando el vigilante se vuelva, el que consigue llegar hasta él y tocarlo sin ser visto hará de vigilante, reiniciándose el juego.

Juegos con sombras

Para la proyección se elige una pared bien clara y sin defectos; éstos podrían deformar la figura. En caso de no disponer de una que reúna estas condiciones, se puede colgar un paño o un cartón blancos. Las manos se colocan en la posición adecuada, entre la pared y una fuente luminosa de no mucha potencia, como una vela o un mechero.

Para proyectar algunas sombras de animales, objetos o personas, el niño debe utilizar sus manos acondicionándolas en cada caso, pero si requiere otros objetos (clavos, tablitas, pedazos de tela, cartón etc.), puede utilizarlos. Con un poco de creatividad puede proyectar otras siluetas.

Las siluetas no necesariamente deben estar estáticas, dándoles movimiento se hacen más emocionantes.

un perro   un pato   un conejo

un gato   una cabra   un mastín

La caza de la zorra

Emplazamiento. Bosque o terreno accidentado.

Número de jugadores. Diez a 20.

Material. Un millar de trozos de papel de unos cinco centímetros cuadrados; una banda de tela.

Organización. Se elige un refugio en un sitio cualquiera del terreno y los jugadores se reúnen en él; uno es designado como zorra y los otros hacen de perros. La zorra se pone la banda en la espalda, ligeramente sujeta a fin de que pueda ser arrancada fácilmente; los trozos de papel se guardan en el bolsillo o en un saco.

Curso del juego, reglas. La zorra abandona el refugio y deja caer un trozo de papel cada diez pasos; diez minutos después salen los perros en su persecución y deben seguir la huella de los trozos de papel y el último los recoge. Cuando los perros descubren a la zorra, tratan de cazarla; uno de ellos procura arrebatarle la banda que lleva en la espalda.

Si la zorra no es atrapada al cabo de diez minutos, se considera como vencedora y el juego vuelve a empezar.

Las islas flotantes

Este entretenimiento requiere algunos objetos que deben pedir prestados a mamá: una tina o batea bien grande, varios platos hondos de plástico y monedas.

¿Ya? Bueno, ahora llenen el recipiente con agua y coloquen allí las "islas flotantes" o sea los platos. Previamente, se habrá establecido la línea de lanzamiento y desde allí, cada jugador, por turno, lanzará seis monedas, tratando de que caigan dentro de alguno de los platos. Ganará el que logre colocar más monedas o fichas. Deben tener en cuenta que la moneda que toque el plato y rebote cayendo al agua no recibirá puntuación.

Los ciegos y el batepalmas

Todos los participantes del juego estarán con los ojos vendados excepto uno, que es el "batepalmas" quien batirá palmas constantemente, para indicar a los ciegos dónde se encuentra.

"Los ciegos", a su vez, procurarán tocar al "batepalmas" y aquel que lo consiga, pasará la venda de sus ojos al "batepalmas", tomando él su lugar.

Para mayor movimiento del juego puede hacerse lo mismo con dos o más "batepalmas".

Manos arriba

Organización. Todos los jugadores, menos uno, forman un círculo grande, colocándose aquél dentro del círculo.

Desarrollo. El niño del centro, corriendo por dentro, toca a un jugador y ambos corren alrededor del círculo por la parte de afuera, dando tres vueltas, y al finalizar, el niño que estaba al centro grita: "manos arriba" y todos los del círculo levantarán las manos y darán un paso adelante. Si el jugador perseguido consigue entrar al círculo sin que ninguno de sus compañeros lo toque, volverá a él. En caso contrario tomará el lugar del perseguidor.

Marcha interrumpida

Organización. Los jugadores deben colocarse en dos filas de igual número, frente a frente. Se marcarán en el terreno dos líneas separadas unos 30 m, según el tamaño del mismo, detrás de las cuales se instalarán los jugadores. Pueden servir también, en vez de líneas, las paredes del patio.

Desarrollo. El director del juego señala una de las filas para que marche dirigiéndose hacia la otra, hasta que se dé la voz de "media vuelta", para que la fila que estaba marchando regrese deprisa a su emplazamiento, perseguida por los jugadores del otro bando. Aquellos que son tocados pasan a formar parte del bando contrario o son separados del juego. El juego prosigue alternando una fila con otra en la marcha. Son infracciones negar haber sido tocado, dar media vuelta y correr antes de la señal indicada.

Tracción de bastones

Material. Tantos bastones o barras de gimnasia como la mitad del número de jugadores.

Organización. Los jugadores se dividen en dos secciones de igual número, una de los cuales tendrá los bastones frente a la otra.

Desarrollo. Cada uno de los que poseen bastón lo tomará por un extremo con ambas manos, dando el otro extremo al contrincante, del que lo separa una línea. A la señal de iniciar el juego, cada jugador tira hacia sí, con el objeto de hacer pasar al oponente la línea media. Ganará la sección que tenga mayor número de contrarios en su campo.

El profesor cuidará de que cada pareja tenga un rival igual.

Ventanas altas

Número de jugadores. 12 a 30.

Material. Ninguno.

Organización del juego. El alumno escogido para iniciar el juego lo hace corriendo alrededor del círculo por la parte externa y tocará a cualquier jugador; éste debe perseguirlo tratando de tocarlo antes que haya completado tres vueltas al círculo. Al finalizar la tercera vuelta, los jugadores del círculo gritarán "ventanas altas" y levantarán sus brazos para permitir la entrada al perseguido. Si éste logra entrar al círculo sin haber sido tocado, estará a salvo uniéndose al círculo; el otro jugador volverá a empezar el juego. Si ha sido tocado debe repetir la acción hasta que otro jugador tome su lugar.

Juegos para niños de 10 a 12 años
(Cuarto y quinto grados de primaria)

Balón en el pasadizo

Número de jugadores. Diez.

Material. Una pelota.

Organización. El terreno está dividido como indica el dibujo. Los jugadores forman dos equipos, A y B. El primero tiene la pelota; y el equipo B ocupa el terreno. Ambos roles se determinan por sorteo, y al segundo tiempo se invierten los papeles.

Reglas. El número uno del equipo A se coloca a la entrada del pasadizo, lanza la pelota al aire golpeándola con la mano, de manera que el primer bote se dé dentro del terreno, pero fuera del pasadizo. Corre lo más rápido posible hasta el otro extremo del pasadizo sin salir de él. Regresa corriendo o caminando, como prefiera, por todo el terreno sin dar marcha atrás. Mientras tanto, los adversarios tomarán la pelota y tratarán de tocarlo con ella. Si llega a cruzar la línea de salida sin ser alcanzado por la pelota, su equipo gana un punto. Luego continúa el jugador número dos, y después el tres, y así sucesivamente.

Observaciones. El jugador que corre, muere:

Si la pelota cae en el pasadizo o fuera del terreno en el primer bote.

Si el que corre sale del pasadizo en el camino de ida.

Si hace marcha atrás en el regreso.

Si un adversario toma la pelota en el aire antes que haya dado un bote.

Si el jugador sale del rectángulo de juego.

Si es alcanzado por la pelota.

Los jugadores B se reparten a su gusto en el rectángulo, sin embargo, no puede penetrar ni atravesar el pasadizo durante el trayecto del corredor. Pueden hacerse pases sin tener mucho rato la pelota en las manos, hasta que ésta llegue al terreno favorable para alcanzar al que corre. Nunca se puede caminar con la pelota en las manos .

Balón resguardado

Organización. Se hace en el suelo un rectángulo de diez a 16 metros de largo por cinco a ocho metros de ancho, según la fuerza de los jugadores. El rectángulo está dividido en dos. A su vez, cada mitad se separa en dos partes: una grande y una pequeña. Los jugadores de las partes más grandes se llaman guardias A y B, y los jugadores que se encuentran en los campos más chicos son los de la base A y B. Los guardias A son compañeros de los jugadores de la base A; y los guardias B, de los de la base B.

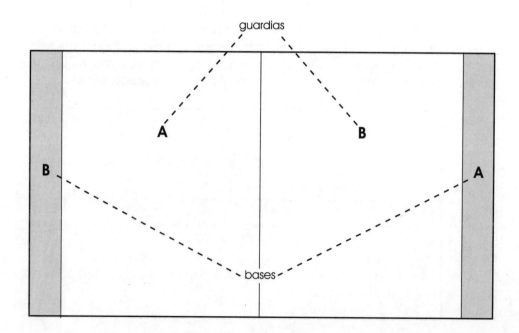

Reglas. La pelota se pone en juego alternadamente entre los guardias, tirándole la pelota a sus compañeros por encima de la cabeza de los guardias adversos.

Cada vez que un jugador atrapa la pelota al vuelo, su grupo gana un punto. Los guardias del equipo contrario deben impedir que el balón llegue a la base, parándola en el aire y tratando de lanzarla a su vez, a sus compañeros de la base opuesta.

El jugador que para el balón lo vuelve a lanzar desde el mismo sitio sin moverse, pero si se le resbala de las manos, la recoge un compañero y éste la tira desde su sitio.

Si la pelota sale del límite de juego, pertenece al equipo que no la dejó caer.

El partido se juega en dos medios tiempos de diez a 15 minutos, entre los cuales los jugadores cambian de campo.

Gana el equipo que tiene más puntos al final de la partida.

Observaciones. Hay falta cuando un jugador sale del terreno o cuando camina más de un paso llevando la pelota. Cada infracción es sancionada con un tiro libre en contra del equipo infractor.

Carreras de saltar el palo

Material. Un palo de 1.20 m.

Formación. Se forman dos o más hileras de igual número de jugadores.

Curso del juego. El primer jugador de cada hilera tiene un palo en la mano izquierda. Al iniciar el juego, corre y toca la línea marcada a diez o 15 metros, vuelve y el segundo jugador toma el otro extremo del palo con su mano derecha. Sosteniendo el palo entre ambos y cerca del suelo, corren hacia atrás de la fila, obligando a los jugadores a saltarlo. Al llegar al final, el número uno suelta, se queda último, mientras el número dos corre a la línea para tocarla con el palo, vuelve y el tercero toma el otro extremo, lo saltan todos, quedando atrás el segundo y corriendo el tercero a la línea, y así sucesivamente hasta que todos los jugadores hayan corrido hasta la línea y regresado. Gana la columna cuyo último jugador haya traspuesto primero la línea de llegada.

Faltas:
Soltar el extremo del palo.
Saltar dos al mismo tiempo.
Quedar alguien sin saltar.

Advertencias:
Pasar el palo bien abajo.
Esperar siempre el palo del costado derecho; tomarlo con la derecha y traerlo con la izquierda.

Variaciones. Jugar con soga y con las mismas reglas.

Concursos

La cena del ciego. Un niño con los ojos vendados, da con una cuchara una taza de chocolate a su pareja (chocolatada). Competición por parejas. Gana la que termine primero y tire menos chocolate.

La carrera del garbanzo. Un representante por equipo. Material: un palillo y un garbanzo. A la señal, deben conducir, por el piso, el garbanzo hasta la meta a golpes de palillo.

La carrera de cucharas. Uno por equipo. Material: una cuchara y una papa. A la señal, corren con la cuchara entre los dientes y la papa en la cuchara. Avanzar varios metros sin que se caiga la papa.

Habilidad en comer galletas. Posición de partida: Cada jugador con una galleta en la frente. Gana el que consiga comérsela primero sin utilizar las manos.

Habilidad en beber. Cada participante debe beber un vaso de agua, que está sobre una silla, sin utilizar las manos.

Concursos con los ojos cerrados:

Sentido del gusto. Cada participante debe adivinar lo que prueba: naranjada, agua, sopa, lechuga, cáscara de papa, anís, vinagre, sal…

Olfato. Adivinar qué es lo que le acercan para oler.

Tacto. Contar un conjunto de monedas.

Correo en cruz

Número de jugadores. 20 o más. Número par. Niñas y niños.

Material. Pelotas de basquetbol.

Organización. Los jugadores se dividen en dos filas, una frente a otra, con seis u ocho metros de separación. Se ordena numerarse y los números impares de una fila formarán equipo con los números impares de la otra, y viceversa. Cada primer jugador tendrá una pelota en las manos.

Desarrollo. A la señal del instructor, cada jugador que tiene la pelota en sus manos, la pasa al compañero de enfrente, éste la pasa al siguiente compañero de la fila opuesta, y así sucesivamente hasta que llegue al último.

Gana el equipo que logra llevar primero la pelota al último jugador.

Objetivo. Es un juego de iniciación al basquetbol, que fortalece los músculos de hombros, brazos y piernas.

El caballo salvaje

Lugar adecuado. Campo de recreo.
Número de participantes. Diez a 30.
Dos niños cuya fuerza y agilidad estén más o menos compensados, hacen uno de caballo salvaje, y el otro de picador.

Quieto caballitooooo

El caballo apoya las manos sobre las rodillas. El picador monta sobre la espalda del caballo diciendo: "quieto caballito, déjate amansar". Puede asirse de los hombros o de la espalda del caballo, pero nunca de la cabeza, del cuello o de los brazos. El caballo salta y, sin cambiar de posición, hace todo lo necesario para derribar al domador diciéndole repetidas veces: "Quita, que me estorbas".

Esta lucha puede durar dos minutos, después de los cuales debe haber dos de descanso. En el caso de que el picador no haya sido derribado, se puede repetir hasta dos veces más. Y si el caballo no logra tirar a su jinete, éste ha ganado la partida. En caso contrario, el picador pasa a ser caballo y el caballo jinete, hasta ser derribado. Gana el que logra permanecer más tiempo a caballo.

El último mono se ahoga

Organización. Un campo rectangular marcado y dos grupos de igual número de jugadores (ocho a diez) que se colocarán en una fila en el extremo del campo.

Desarrollo. A la señal de partida salen corriendo los jugadores para llegar al otro extremo. El que llegue al último de cada grupo será separado del juego; reiniciándose del otro extremo en la misma forma, hasta que quede uno o más de cada grupo.

Son infracciones adelantarse a la señal de partida, cruzar o estorbar a los compañeros, negarse a abandonar el juego habiendo llegado al último. Debe darse un descanso prudente entre carrera y carrera.

Los caballitos

Organización. Formación en doble círculo. Se dispondrá de una pelota.

Desarrollo. Los niños del círculo exterior, a la voz de "a caballo" cabalgarán sobre las espaldas de los que están delante. El profesor arrojará la bola a uno de los jinetes y éste la pasará al de su derecha, y así sucesivamente, hasta que la bola caiga al suelo, los niños que hacen de caballos, tratarán de impedir que los jinetes recojan bola.

Cada vez que los jinetes caigan al suelo, pasarán a ser caballos, y viceversa. Es conveniente cuidar de que las parejas sean de igual físico y que no haya accidentes, retirando del juego a aquellos que jueguen con mala intención.

Origami: creando aves

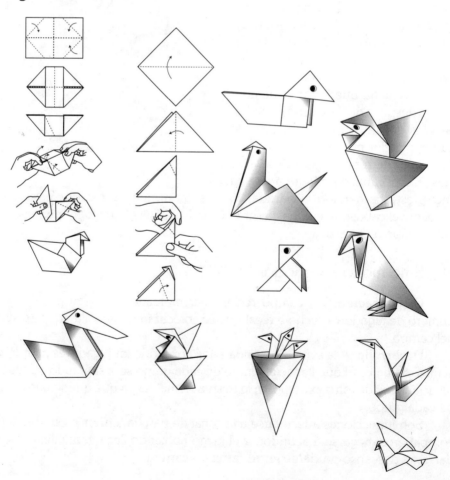

Pelea de gallos

Organización. Los jugadores forman un cuadrilátero de tres por tres metros. Se dividen en dos equipos, a y b. En cada equipo sus integrantes se numeran secretamente del uno al diez, por ejemplo, si lo componen 20 jugadores.

Reglas. Al llamado del árbitro, los números cinco designados de cada equipo, avanzan un paso hacia el interior del cuadrilátero. Se agachan cruzando los brazos. A una señal dada, se lanzan contra el adversario saltando de cuclillas y tratando de hacerle perder el equilibrio. Muere el jugador que se cae por el empuje del rival.

Observaciones. Hay falta si un jugador deja de cruzar los brazos para recuperar el equilibrio; si las manos tocan el suelo o se apoyan en las rodillas.

Este juego debe hacerse sobre un terreno blando (ejem.: arena, pasto).

La numeración secreta tiene la ventaja de oponer adversarios de peso diferente, lo que le dará al más liviano la oportunidad de accionar más fácilmente ante un rival de peso mayor.

El juego exige cierto espíritu deportivo de parte de cada jugador.

Puntos. Se concede un punto a cada jugador que hace caer a su adversario. El árbitro totaliza los puntos de cada equipo después de un tiempo determinado y fijado de antemano.

Pelota de guerra

Material. Una pelota de futbol o de basquetbol y un cronómetro.

Formación. Los jugadores forman dos bandos de igual número de participantes. Uno se sitúa alrededor de un círculo marcado en el suelo y el otro dentro del mismo.

Curso del juego. El juego consiste en tratar de tocar con la pelota a los jugadores de adentro, en las piernas, de la rodilla abajo, y naturalmente, éstos saltarán para evitar ser tocados. Cada participante tocado sale del juego hasta que quede un solo jugador. Cambian entonces de lugares, los de afuera adentro, y viceversa.

Para determinar el ganador, se calcula el tiempo que usó cada uno para eliminar a los otros.

Romper la cadena

Organización. Se divide a los jugadores en dos bandos de igual número, colocándolos en dos filas frente a frente, separados por tres o cuatro metros.

Desarrollo. A una señal del profesor, uno de los bandos avanza frente al otro mientras los de este último grupo se toman de las manos. Al llegar las filas una contra la otra, los jugadores que avanzan tratan de romper la cadena formada por los otros, empleando el pecho, máximo en cinco segundos, que contará en voz alta el profesor, paralizándose en este instante el juego. Se anotará un punto al bando que avanza, por cada lugar que haya sido rota la cadena. Son infracciones: actuar bruscamente o romper la cadena con las manos.

Se tratará de formar equipos de fuerzas equilibradas y se marcará una línea de tres metros detrás de cada fila hasta donde puedan retroceder.

Todos a la posta

Organización. Formación en columna, de dos o más equipos con igual número de jugadores. Una línea de partida y una distancia conveniente, según la edad de los niños o el campo que se disponga. Se dibuja a la misma altura de cada columna, un círculo grande y tres pequeños. Se utilizarán para el juego, tres piedrecitas u otros objetos que serán colocados en el círculo grande, para iniciar la competencia.

Desarrollo. A una señal de quien dirige, los primeros jugadores de cada equipo saldrán corriendo hacia los círculos grandes del fondo y trasladarán los objetos a los círculos pequeños, uno por uno, volviendo al punto de partida. Quien llegue primero dará un punto a su equipo. Los siguientes jugadores harán lo contrario pasando los objetos de los círculos pequeños al grande, también de uno en uno y cada vez se computará a los ganadores, triunfando, al final, el equipo que acumula mayor puntaje. Cuando los objetos son colocados fuera de los círculos, se anulará la jugada y el equipo contrario marcará un punto a su favor.

Juegos para niños de 12 a 13 años
(Quinto y sexto grados de primaria)

Agarrar el botín

Material. Una bolsa, una caja, o un cinturón.

Instrucciones. Los jugadores se dividen en dos equipos, dando un número a cada participante. Se coloca un objeto de cualquier tipo en el centro, entre los dos equipos. El capitán grita un número y los miembros de cada bando que tienen aquel número corren y tratan de apoderarse del botín. El jugador que agarra el botín y cruza la línea de su meta sin ser atrapado por el perseguidor, gana un punto para su equipo.

Sugerencias. Para aumentar la actividad llámense a varios números. Si el jugador deja caer el botín antes de llegar, tiene un punto menos.

Batalla de las pelotas

Material. Pelotas pequeñas y ligeras en número igual al de jugadores que intervienen y dos banderitas.

Organización. El terreno se divide en dos campos con un banderín en cada uno. Los jugadores formarán dos equipos de igual número de participantes, teniendo cada equipo su respectivo jefe. Cada jugador tendrá una pelota.

Desarrollo. A la señal de uno de los jefes, los jugadores de ambos bandos comienzan a lanzarse las pelotas. A medida que llegan a sus campos, las recogen y las devuelven al otro, continuando así durante dos o tres minutos, pasados los cuales, y a una nueva señal, cesa la batalla contando el número de pelotas que queda en el suelo; el equipo que menos tiene es el que gana el partido.

Reglas. Lanzar la pelota lo más rápidamente posible, cesar la batalla a la señal dada. Es falta empujar o tirar a un jugador, atravesar el límite del campo, o estar inactivo.

Compra candelitas

Número de jugadores. De cuatro a 20.

Organización. Se hacen tantas marcas especiales como alumnos haya, menos una; en ellas se colocan los jugadores, menos uno que queda libre.

Desarrollo. El alumno debe llegar a cualquiera y le pregunta: "¿Compra candelitas?", y éste contesta: "Tal vez el vecino", y así va con los demás. Mientras tanto, unos y otros cambian de lugar y el vendedor tratará de sorprender a alguno dejándolo sin marca y éste seguirá el papel del vendedor.

Objetivos. Desarrolla la imaginación, agilidad y destreza mediante el cambio constante de posiciones.

Correo aéreo

Número de jugadores. Seis a 30

Material. Una tiza.

Terreno. Un patio chico.

Disposición. Todos forman un gran círculo y uno se coloca en el centro. Cada uno escoge el nombre de un país (o se numeran) y lo mismo hace el jugador del centro.

Reglas. El que está en el centro menciona dos o tres países (o números). Los que tienen esos nombres cambian de sitio mientras el que está en el centro trata de llegar primero a uno de esos lugares. Si lo consigue, el que queda sin puesto ocupa su sitio en el centro y el juego prosigue.

Valor educativo. Estimula el desarrollo de la atención, memoria y velocidad.

De a dos, de a tres...

Número de jugadores. Diez en adelante.

Material. Un silbato.

Disposición. Los jugadores, sin dividirse en equipos, están diseminados por el patio.

Reglas. A una señal del guía, los jugadores se reúnen en pequeños grupos de dos, tres, cuatro o más, según ordene aquél.

Los que llegan tarde para formar un grupo o que forman un grupo demasiado numeroso, son eliminados.

Variante. En vez de indicar los números a viva voz, el jefe lo puede hacer únicamente con el silbato.

Doblar la esquina

Jugadores. De diez a 20.

Material. Pelotas.

Instrucciones. Los jugadores se dividen equitativamente en equipos de seis a ocho. Se colocan formando ángulo, con uno en el centro del área de juego. A una señal, el capitán lanza la pelota al primer jugador a su derecha, quien se la devuelve.

Sigue arrojando y devolviendo la pelota a cada uno de los jugadores del equipo hasta que la atrapa el último. Entonces el capitán grita: "¡Doblar la esquina!", y corre a colocarse

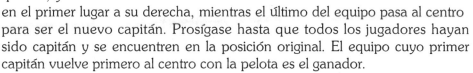

en el primer lugar a su derecha, mientras el último del equipo pasa al centro para ser el nuevo capitán. Prosígase hasta que todos los jugadores hayan sido capitán y se encuentren en la posición original. El equipo cuyo primer capitán vuelve primero al centro con la pelota es el ganador.

Sugerencias. Advertir a los jugadores que deben permanecer detrás de las líneas mientras atrapan y lanzan la pelota. Las pelotas que caen deben ser recobradas rápidamente y devueltas al capitán.

El dique

Número de jugadores. Mínimo, 15; máximo, 50.

Reglas. Los dos tercios de los jugadores forman un círculo tomándose de las manos. Este círculo representa al dique. La ola —el tercio restante de jugadores—, situado en el interior del círculo, intentará romper el dique.

A una señal, los jugadores intentan salir pasando por debajo de los brazos o de las piernas, empujando con el cuerpo, pero sin servirse de las piernas (rodillas y pies), ni de las manos. El dique resiste cerrándose alrededor de las olas, levantando o bajando los brazos, retrocediendo, doblando las rodillas, etc.

Si el dique cede en un punto, debe cerrarse de nuevo con la mayor rapidez, ya que en caso contrario se corre el riesgo de que las olas se aprovechen de la brecha.

La partida dura de tres a cinco minutos. Al estar divididos los jugadores en tres grupos, cada uno será alternativamente la ola. Resulta ganador el grupo que ha hecho salir mayor número de jugadores.

El túnel que se traslada

Lugar adecuado. El campo de recreo o un salón grande.

Número de participantes. De diez a 30. Adecuado para niños y niñas. (Las niñas llevan pantalones deportivos).

Los jugadores se dividen en dos equipos iguales que forman en dos filas paralelas, separando los pies hasta formar un túnel con las piernas.

Al darse la señal, los jugadores que se encuentran en la parte posterior de las filas atraviesan el túnel y se colocan a la cabeza de él, manteniendo los pies separados. Se hace sucesivamente, de modo que el túnel avanza como una oruga. El triunfo corresponde al equipo cuyo jugador número uno, recobra más pronto su primitiva posición.

El zorrillo

Lugar adecuado. El patio de recreo.

Uno de los niños hace de zorrillo y queda solo, al centro de la circunferencia que forman los demás.

Como el zorrillo despide mal olor, los niños se defienden tapándose la nariz con una mano. Además, deben agarrarse un pie con la otra mano y permanecer en esta posición diciendo a cada momento: "¡uf qué mal huele el zorrillo!"

Cuando alguno de los niños se cansa y pierde esta posición, basta que el zorrillo lo toque para que le pase su mal olor y lo convierta en zorrillo, debiendo reemplazarlo. El juego continúa con el nuevo zorrillo y termina cuando los niños pierden el interés o cuando es necesario.

La jugada

Número de jugadores. De 12 a 30. Número par.

Material. Dos pelotas pequeñas.

Organización. Los alumnos se forman en dos hileras, una detrás de otra, separadas por unos diez metros, con 50 cm entre cada jugador. A unos tres o cuatro metros del primer alumno se traza una línea perpendicular a las hileras; entre éstas, y a la altura del último jugador, se hacen dos círculos llamados "zonas de salida", donde se dejarán las pelotas.

Desarrollo. Dada la señal de comenzar, el primer alumno corre hasta su zona de salida, toma la pelota y golpeándola con los pies, llega hasta la línea, luego regresa en igual forma entre los compañeros, describiendo onduladas hasta dejarla inmóvil en la zona de salida y volverá a su puesto. El segundo ya estará esperando para hacer el mismo recorrido.

Ganará la hilera cuyo último jugador deposite primero la pelota en la zona de salida.

Objetivo. Constituye la iniciación en el manejo de la pelota con los pies (futbol) y pone en actividad los músculos de las piernas y abdomen, dando agilidad y destreza.

Lanzamiento de pelota con la mano baja

Instrucciones. Se establecen una línea de partida y una línea de gol. Los equipos se colocan en fila detrás de la línea de partida, y el capitán se sitúa sobre la línea de gol. Éste tiene una pelota y, a una señal, la lanza con la mano baja al jugador número uno de la fila quien devuelve la pelota con la mano baja al capitán y pasa al final de la fila. Las pelotas no atrapadas deben ser recobradas por el mismo jugador. El juego prosigue hasta que el jugador vuelve a estar en su posición inicial. Si hay tiempo, permítase a cada jugador tener su turno como capitán.

Sugerencias. Este juego se puede modificar con el lanzamiento por alto.

Llevar y traer

Instrucciones. Trácense círculos con tiza a la distancia deseada de la línea de partida. Colóquese una bolsa o un borrador en cada círculo. A una señal, el primero de cada fila corre, recoge la bolsa, vuelve a su fila y entrega la bolsa al segundo jugador; éste corre hacia el círculo y deja caer la bolsa dentro de él. Entonces vuelve a su fila y da salida al tercer jugador. El juego prosigue hasta que todos los niños han corrido. Las bolsas que no caen en el círculo deben ser recogidas y colocadas por el jugador que no logró dejarlas dentro del círculo. Queda vencedor el equipo que es el primero en tener a todos sus jugadores de nuevo en la posición inicial.

Los aviadores

Material. Dos series de cartones numerados.

Reglas. Los jugadores están divididos en dos grupos de números iguales, cada uno en su campo, que serán los extremos del terreno. En secreto el jefe de cada equipo reparte un número a cada uno de sus integrantes, los jugadores lo guardan en su bolsillo. A la señal, los jugadores tratan de apresar al adversario tocándolo simplemente. Entre los dos, el que tiene el número más bajo es eliminado, si tienen el mismo número se saludan y siguen jugando.

El diez, por ejemplo, puede eliminar a todos, menos al uno y éste puede eliminar al diez y ser apresado por todos. Se puede dar mayor oportunidad de vida a los números inferiores.

Mata gente

Materiales. Una tiza y una pelota ligera, mediana.

Disposición. Con tiza, trazar un círculo de más o menos cuatro pasos de diámetro. Formar dos equipos iguales; uno se coloca dentro del círculo y el otro fuera de éste, con la pelota.

Reglas. El jefe controla el tiempo y da la señal. El equipo del exterior trata de matar a los jugadores del interior, tocándolos con la pelota.

Cada jugador "muerto" sale del juego. Los de afuera no pueden penetrar en el círculo. Los de adentro les devolverán la pelota con la mano si se para en el círculo. Cuando la pelota toca el suelo pierde todo efecto de matar. Después se cambian los equipos. El equipo en el que sobreviven más jugadores en determinado tiempo gana.

Variante. Los jugadores pueden defenderse con las manos. Los del centro son vulnerables únicamente abajo de las rodillas.

Valor educativo. Desarrolla el espíritu de equipo, puntería, reflejos, agilidad.

Pedro ¿dónde estás?

Material. Dos pañuelos y, si se quiere, un llavero con dos llaves.

Organización. Los jugadores forman un círculo dándose las manos, dos se separan con los ojos vendados lejos uno de otro, pero dentro del círculo. El que haga de "Pedro" tendrá el llavero.

Desarrollo. Uno de los vendados llamará: Pedro ¿dónde estás?, y Pedro contestará: aquí, y cambiará de lugar sin hacer ruido con las llaves. Cuando logra encontrarlo, se colocan juntos en el centro y se les manda, ¡de frente marchen! Al llegar al círculo tienen que tocar a dos, que serán los que inicien el juego nuevamente.

Objetivo. Desarrollar la imaginación y el sentido del oído al tratar de orientarse.

Relevo de rescate

Instrucciones. Un capitán se coloca detrás de la línea de meta, frente a su equipo, el cual está en fila detrás de la línea de partida. A una señal, el capitán corre hacia el primer jugador de su equipo, le agarra de la mano y corre de regreso a la línea de meta. Entonces el jugador rescatado corre de vuelta a su procedencia y rescata a otro jugador, etc., hasta que todos hayan sido rescatados. Gana el equipo que primero tiene a sus jugadores en fila detrás del capitán. Insístase en que los jugadores corran asidos de las manos durante el rescate.

Relevos en zigzag

Materiales. Dos pelotas medianas o chicas y tiza.

Disposición. Los jugadores, repartidos en dos equipos, forman dos filas paralelas, pero acomodando a los miembros de los equipos de modo que cada uno tenga un adversario a la izquierda, a su derecha y al frente (ver la figura).

Se da una pelota al primer jugador de cada extremo.

Reglas. El primer jugador de cada equipo pasa la bola al segundo de su equipo que está casi enfrente. Éste la pasa al tercero... cuando el último recibe la pelota, la devuelve al penúltimo y así la pelota vuelve hasta el primero. El primer equipo que termina, gana.

Valor educativo. Desarrolla el espíritu de equipo y destreza.

Juegos para diversas edades

Balón inmortal

Organización. Un espacio rectangular de 30 por 20 pasos, limitado por cuatro banderines y dividido en dos campos iguales, por un par de banderines.

Los jugadores se dividen en dos grupos iguales, con un jefe cada uno y su campo respectivo; en uno los rojos y en otro los blancos.

Curso del juego. El jefe del equipo rojo tiene el balón en la mano; lo deja caer y lo patea antes de que caiga al suelo; un jugador blanco lo devuelve antes de que se haya parado. El juego continúa, lanzando el balón alternativamente de un campo a otro.

Reglas:
1. Cuando el balón se para, está muerto, y no debe devolverse. Un jugador del campo en que se ha detenido lo toma y lo envía, como al comienzo del juego.
2. Si el balón sobrepasa la altura de los jugadores, éstos tienen derecho de devolverlo con la palma de la mano.
3. Cada vez que el balón se para, el equipo contrario gana un punto; el equipo que primero hace 12 es el que gana.
4. El balón debe lanzarse igualmente con ambos pies.

Faltas:
1. Dejar pasar el balón.
2. Tomar el balón con las manos mientras está en movimiento.

Búscate casa

Antes de comenzar el juego, se designa quién queda en el centro del círculo: los alumnos se sientan en el suelo formando rondas.

Desarrollo del juego. El juego se inicia cuando el alumno que está en el centro pregunta a cualquiera de los que están en la ronda: ¿hay casa?, éste

145

contesta: más allá; así continúa preguntando a varios de la ronda, hasta que en cualquier momento, el alumno del centro grita: "¡derrumbe!"; y los alumnos de la ronda que están sentados en el suelo, se paran para cambiar de sitio unos con otros, lo que aprovecha el del centro para ocupar uno de los lugares desocupados. El alumno que quedó sin sitio, pasa al centro para comenzar el juego.

Caliente y frío

Los niños eligen a un participante, al que dan el nombre de señor caliente y le entregan un objeto que debe ocultar en alguna parte. Luego los niños, con los ojos cerrados y bajando las cabezas, forman un círculo.

Mientras tanto, el señor caliente esconde el objeto, en un lugar que le parece conveniente. Luego dice en tono de desafío: "vayan". Los niños entonces se dispersan tratando de encontrar el objeto oculto.

Cuando algún niño está todavía distante del objeto, o si mira hacia el lado equivocado respecto del lugar donde aquél está, el señor caliente dice: "tibio". Cuando el niño se acerca al objeto, dice: "caliente", y cuando un jugador está a punto de encontrarlo, grita: "muy caliente". Por otra parte, cuando un niño se aleja demasiado del lugar que oculta el objeto, llama a aquél, agregando a su nombre "frío". De esta manera, el niño abandona su búsqueda por ese lado y comienza a buscar por otro.

El feliz descubridor será el señor caliente del siguiente juego.

Carrera de automóviles

Dos o tres filas cortas de niños se forman detrás de una línea de partida trazada en el suelo. A unos doce a quince metros de distancia y paralelamente a la primera se traza otra línea. Cada fila o grupo de niños elige el nombre de un automóvil. A la señal de partida el niño que está a la cabeza de cada fila, emprende una carrera hacia la línea opuesta, volviendo rápido a su fila, toca ligeramente al jugador que le sigue y se coloca al final de su fila. El segundo jugador de cada fila se acerca a la línea de partida y la carrera se inicia en la misma forma. La carrera continúa hasta que el primer jugador ocupe de nuevo la cabeza de la fila. (Este juego es recomendable para el tercer y cuarto grados.)

Carrera de botellas

Se divide a los jugadores en dos o más equipos con igual número de alumnos. Los grupos se colocan en columna detrás de la línea de partida. Frente a cada fila y siguiendo su dirección, se marcan seis cruces con dos metros de separación

entre cada una, debiendo la primera estar a cuatro metros de la línea de partida. Sobre cada cruz se coloca una botella.

Adelante de las cruces, a unos diez metros, se marca un círculo por cada
cruz. Dada la señal de partida, el primer jugador de cada grupo corre hacia el
frente, toma una botella y la coloca parada sobre el círculo correspondiente,
después corre nuevamente, toma la otra y repite la acción hasta que tenga
puestas todas las botellas dentro de su círculo.

Cuando el primer jugador termina, el segundo toma una por una todas las
botellas y las va colocando sobre las cruces. El siguiente repite lo que el primer
jugador hizo y así continúa el juego hasta que todos los jugadores hayan tomado parte. Ganará el equipo cuyo último jugador llegue primero a la meta, después de haber colocado en pie la última botella. Si ésta cayera, el jugador
deberá pararla antes de tomar otra.

Carrera de las tres palmadas

Emplazamiento. Campo de juego.
Número de jugadores. De 12 a 20.
Material. Cuatro banderitas, brazaletes blancos y rojos.
Organización. Dos líneas de diez a 15 pasos de longitud, separadas una
de otra por 25 o 30 pasos. Estas líneas están marcadas por cuatro banderitas.

Los jugadores estarán divididos en dos equipos de igual fuerza: los rojos y
los blancos, cada uno con un jefe. Cada equipo se coloca detrás de su línea
respectiva, con sus integrantes alineados uno al lado de otro.

La suerte decide cuál de los dos equipos comienza.

Curso del juego. Supongamos que sea un blanco quien comience, avanza hacia los rojos que tienen un pie colocado en la línea y una mano extendida
hacia el lado reservado al juego. El
blanco da tres palmadas sobre una o
varias de las manos extendidas; no es
necesario que las dé al mismo individuo. Cuando ha dado la tercera palmada, se salva corriendo hacia su
refugio, perseguido por el jugador a
quien ha dado la tercera palmada. Si
el perseguidor toca al jugador antes
que éste haya llegado al refugio, aquél
avanza hacia el campo enemigo y provoca a uno de sus adversarios. Cuando
el perseguidor no llega a tocar al jugador que persigue, queda prisionero y

el jefe del mismo equipo designará otro participante que continuará el juego. Un equipo gana la partida cuando ha logrado tal número de prisioneros, que sólo queden tres jugadores en el campo enemigo; el equipo vencido comenzará la partida siguiente.

Carrera de obstáculos

Se divide a los jugadores en dos o más grupos. Se escogen cuatro niños de cada grupo, que serán los obstáculos y se les coloca al frente de la columna correspondiente, uno detrás de otro, separados por unos tres metros de distancia. El primer "obstáculo" adopta la posición de firmes; el segundo se inclina hacia el frente; el tercero se coloca con las piernas abiertas, y el cuarto, firme. Dada la señal para comenzar, el primer jugador de cada grupo corre y gira alrededor del primero, salta sobre el segundo, pasa entre las piernas del tercero y gira alrededor del cuarto. Después corre hacia el final de la columna y da una palmada al último jugador, y éste repite la acción. La corrida termina cuando el último jugador de la columna, después de pasar por todos los obstáculos, cruza el punto de partida. Los corredores no pueden tocar a cada obstáculo cuando giran en torno a él.

Derribar la fortaleza

Material. Tres bastones, un cordel para atarlos y un balón de futbol.

Los jugadores se colocan formando una circunferencia, tomados de las manos.

Al centro del círculo se sitúa la fortaleza que está representada por tres bastones atados fuertemente por la mitad o un poco más arriba de ésta separados de la base para que se equilibren mejor al pararlos.

Un jugador hace el papel de defensor de la fortaleza y se sitúa al frente de la misma. Al comenzar el juego, el balón estará a los pies de cualquier jugador que quede frente al defensor.

El objeto del juego es tumbar la fortaleza con el balón, lanzando contra aquélla siempre con los pies. El guardián debe defender dándole al balón y devolviéndolo hacia los jugadores de la circunferencia, también con los pies.

El juego requiere mucha rapidez y precisión de los movimientos, especialmente por parte del defensor de la fortaleza, que debe situarse frente al lugar en que se encuentra la pelota.

Con el objeto de despistarlo, los jugadores de la circunferencia pueden hacer pases rápidos que lo sorprendan y no le den tiempo a situarse para la defensa.

Reglas:

1. Los jugadores de la circunferencia deben permanecer con las manos enlazadas, mientras juegan.
2. Los atacantes y el defensor deben darle al balón siempre con los pies.
3. Cuando alguien derriba la fortaleza se convierte en defensor, cambiando su puesto con el defensor fracasado.
4. Si la bola sale del círculo, irá a traerlo un niño y éste no podrá patear antes de tomar la mano de sus compañeros.
5. Procurará no darle muy fuerte a la bola para evitar que salga del círculo.
6. La pelota no debe ser impulsada hacia arriba.
7. Si el propio defensor derriba la fortaleza, lo sustituye el último que lanzó el balón.

Deslizamiento de la bala

Se traza en el suelo un dibujo como el que ilustra a este juego, y se llena de números como se indica. Luego se busca un pedazo de madera o una piedra que sirva de "bala" para ir empujando con el pie al saltar sobre los espacios numerados.

El primer jugador tira su "bala" en el primer espacio, y en un pie, salta tras ella procurando empujarla con el pie hacia el espacio dos. Entonces salta al espacio dos y empuja la "bala" hacia el espacio tres, y así sigue hasta llegar al espacio diez. Aquí cambia de pie, y vuelve de espacio en espacio hasta llegar al uno.

Si un jugador llega a saltar con éxito todos los espacios, gana el juego. Pero si toca una de las líneas con el pie, o la bala no llega a su destino, o pasa más lejos, o toca el suelo con el otro pie, debe recoger su bala, y salir del juego.

El jugador siguiente tiene entonces oportunidad de jugar. Cuando le toca de nuevo el turno al primer jugador, éste vuelve a colocar su "bala" en el lugar en que había suspendido el juego y puede continuarlo desde ahí.

Cualquier número de alumnos puede participar en este juego. El primero que hace una vuelta completa al dibujo, es el ganador.

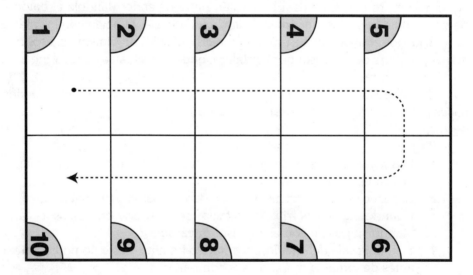

Dos perros y un hueso

Se divide la clase en dos filas enfrentadas, numerándolas en sentido contrario de modo que la primera de una fila, coincida con la última de la otra. Un trozo de madera (que hará de hueso) se colocará en medio del espacio comprendido entre las dos filas, dentro de un pequeño círculo. La profesora llamará un número cualquiera y los jugadores a quienes corresponda ese número saldrán e intentarán tomar el hueso; el que lo consiga, lo llevará hasta su hilera, sin ser tocado por el contrario.

En esta forma se obtiene un punto para el equipo; de lo contrario, si ha sido tocado antes de llegar a su fila, el punto se adjudicará al equipo contrario.

Futbol en círculo

Número de jugadores. De diez a 30.

Material. Una pelota liviana.

Organización. Los jugadores forman un círculo agarrándose de las manos. Uno está dentro del círculo, con la pelota delante de él, sobre el suelo.

Reglas. El jugador que está en el centro del círculo, intenta arrojar con las manos la pelota fuera del círculo, de manera que pase entre las piernas de uno de los jugadores o debajo de la cadena formada por las manos enlazadas.

Cada jugador defiende su lado derecho, evitando también que la pelota le pase por entre las piernas. El que deja pasar la pelota, reemplaza al jugador del centro.

Observaciones. El jugador del centro puede lanzar la pelota con las dos manos o con cualquiera de ellas. Los jugadores del círculo deben conservar su distancia y pueden estar obligados a abrirse un poco, bajo la orden del jugador del centro. Los jugadores deben defender alternativamente el lado derecho o el izquierdo, pero nunca los dos al mismo tiempo, para evitar los golpes.

Faltas:

Tocar el balón con los pies.

Defender los dos lados a la vez.

No quedarse en su sitio.

Variantes. Cuando el número de los jugadores pasa de lo previsto, se puede poner dos jugadores en el centro o formar dos círculos si se dispone de dos pelotas.

El cazador y la vicuña

Organización. Antes de comenzar el juego se designa a un alumno como cazador y a otro como ayudante (perro). En un lado del patio se traza una línea que servirá de casa del cazador y su perro. Al otro lado otra línea que será la barrera. Los niños que hacen de vicuñas en ronda (tomados de las manos) en el centro del patio, saltan al compás del canto del cazador y su perro, quienes entonan en su casa la siguiente canción:

> Vicuñita, vicuñita
> que corres entre las nieves;
> dame tu lana bonita
> para abrigarme si llueve.

Terminando el canto, el cazador sale con su ayudante, y los niños que estaban saltando al centro del patio corren despavoridas a la línea de la barrera, si logran pasarla no podrán ser atrapadas por el cazador, pero si algún niño o vicuña se deja atrapar antes de la barrera, pasará al bando del cazador y lo ayudará a capturar a las demás vicuñas. Así continúa el juego hasta que quede una sola vicuña, que será la campeona. Después de atrapar a alguna vicuña, se debe reiniciar el canto y la ronda.

El gato en la sombra

Número de jugadores. Seis o más.

Material. El sol.

Organización. Designar uno o dos gatos, según el número de jugadores. Éstos se dispersan por el patio, y el gato los persigue preocupándose solamente de pisarles la sombra.

Este juego requiere mucha atención del animador.

Variante. Cada jugador, menos los gatos, se atan un hilo en la espalda con un pescado de papel, que arrastra en el suelo. El gato trata de pisar y quitar los pescados, sólo con los pies.

El gato y el ratón

Se elige entre los jugadores a un gato y un ratón. Los demás forman un círculo con el gato afuera y el ratón adentro. El juego empieza con el diálogo siguiente:

Gato: yo soy el gato.
Ratón: yo soy el ratón.
Gato: te voy a cazar.
Ratón: no podrás.

En seguida el ratón se pone a correr dentro y fuera del círculo, y el gato lo persigue tratando de cazarlo. Los jugadores ayudan al ratón, dejándolo pasar libremente entre ellos, en cambio procuran detener al gato e impedir que cruce el círculo.

Cuando el gato alcanza al ratón, éste se une al círculo, al gato lo hacen ratón y se elige un nuevo jugador que haga de gato.

El laberinto

Organización. Los jugadores se colocan en tres columnas paralelas y se agarran de la mano. Un niño hará de gato y otro de perico.

Reglas. El gato y el perico salen del grupo y persigue el primero al segundo alrededor de las filas, tratando de atraparlo.

En un momento determinado, el animador puede cambiar el sentido del laberinto donde corren gato y perico, ordenando a los jugadores de la columna que se tomen de la mano con el de adelante, el de atrás, o con el vecino de la derecha y el de la izquierda (según la posición en que se encuentren). Todo esto es con el fin de hacer caer en el laberinto al perico que pierde si se deja atrapar.

Se escoge un nuevo gato y nuevo perico para el juego siguiente.

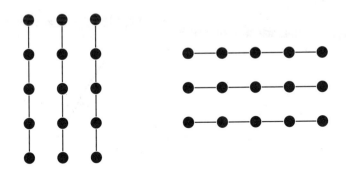

El león y las ovejas

Organización. Formación en una columna de diez o 12 jugadores. Un jugador aparte, elegido por el profesor, hará de león.

Desarrollo. Para comenzar el juego, los alumnos de la columna, que son las ovejas, se toman fuertemente de las caderas. El que está delante de todos es el guardián. A la voz de iniciación del juego, el león trata de apoderarse de la última oveja, ésta debe evitarlo por medio de desplazamientos convenientes.

El guardián no debe tomar al león con las manos, sino simplemente evitar que éste atrape a las ovejas, abriendo los brazos. Si el león logra apoderarse de la oveja, gana la partida. Los tres jugadores que actúan con mayor esfuerzo (león, guardián y última oveja) deben cambiarse por otros, que se colocarán en medio de los jugadores. Este juego es intenso cuando es bien conducido, y su duración debe estar limitada a escasos minutos. El león debe ser cambiado con frecuencia, aunque no logre capturar a la oveja. Los jugadores deben evitar romper la cadena.

El platillo girador

A nuestros tatarabuelos les gustaba este juego, y hasta ahora es muy divertido. Uno de los jugadores es el girador y el resto se sienta en sillas o en el suelo a su alrededor, formando un círculo. Cada uno toma un número: 12, tres, cuatro, cinco, etc. Entonces el girador hace girar un plato o disco dentro del círculo llamando un número al hacerlo. El jugador que tenga ese número debe tomar el disco antes que deje de girar, si no lo hace queda fuera del juego. Pero si lo toma a tiempo, reemplaza al girador, quien ocupa el lugar vacante y toma su número en el círculo.

El puente

Dos niños forman el puente con sus manos, a cada uno se le asigna un nombre que los demás jugadores deben ignorar, por ejemplo: Rosa y Violeta. Los otros están de pie, en fila. Cada jugador coloca sus manos sobre los hombros del que está delante y así pasan por abajo del puente.

Cuando llega el último niño de la fila y quiere pasar por abajo del puente, éste se cierra, atrapándolo.

Los niños que forman el puente, preguntan en secreto al niño prisionero:
—¿A quién prefieres, a Rosa o a Violeta?

Después de elegir, en lugar de pasar por abajo del puente, los jugadores se quedan detrás del niño cuyo nombre han preferido.

Gana el niño que tiene detrás de sí mayor número de niños jugando.

Los últimos niños forman después un nuevo puente y se dan en secreto nuevos nombres.

El rey y sus hijos

Material. Cuatro banderines.

Organización. El emplazamiento es rectangular: de diez a 15 pasos de ancho y 25 a 30 de largo. Este espacio está señalado en sus cuatro esquinas por los banderines; representa el trono del rey. Uno de los jugadores hace de rey y se instala en un lado corto del rectángulo, los otros, sus hijos, se colocan unos al lado de otros, en la parte opuesta del rectángulo, frente al trono.

Curso del juego, reglas. Los hijos del rey ejecutan todos un mismo movimiento convenido (coser, partir leña, cepillar, etc.) y escogen a un jefe. Entonces avanzan en línea hasta el rey, que les saluda diciendo "buenos días hijos míos ¿a dónde fueron?". El jefe responde nombrando una población o un país, y el rey vuelve a preguntar "¿qué hicieron allí?", los jugadores responden ejecutando el movimiento del oficio escogido, y el rey procura adivinar lo que representa. Cuando lo consigue, lo dice en voz alta y los jugadores se vuelven corriendo a su refugio, perseguidos por el rey que se esfuerza por atrapar a alguno antes de que lleguen. Los que han llegado le ayudan en la persecución siguiente; pero cuando debe acertar nuevamente los movimiento del oficio, éstos se abstienen de tomar parte. El juego continúa hasta que todos los jugadores sean capturados, el que fue atrapado primero hace de rey al comenzar una nueva partida.

Falta. Correr hacia el refugio antes de que el rey haya dicho el nombre del oficio en voz alta.

El tesoro del pirata

Número de jugadores. De ocho a 12.

Material. Un tesoro (una moneda o un objeto pequeño, conocido por todos).

Organización. Todos los jugadores se quedan en un local, excepto uno que será el pirata. El animador y el pirata salen a colocar el tesoro sobre el suelo en un punto del campo. A la señal, los jugadores salen del local y el pirata entra a éste, se dispersan por todo el campo y a la señal siguiente, el pirata sale tratando de recuperar el tesoro. Mientras tiene el tesoro, puede matar a los demás con sólo tocarlos.

Una vez que el pirata agarró el tesoro, los jugadores lo persiguen.

El pirata debe tratar de alcanzar un muro o una puerta fijada de antemano, sin ser capturado por el adversario; si lo logra, ha ganado.

Observaciones. No colocar el tesoro a menos de cinco metros de una pared. El pirata evitará revelar el lugar del tesoro.

Juego ruso del hoyo

Este juego es para la playa o cualquier otro lugar donde puedan cavarse hoyos. Se hacen tantos hoyos como jugadores hay, de tamaño suficiente para que entre el objeto que se arroja: una pelota o una piedra. Los hoyos se hacen juntos y cada uno lleva el número que le corresponde a cada jugador.

A tres metros de los hoyos se traza una línea desde la cual los jugadores tiran la pelota o la piedra. El número uno tira primero; si falla, tira el número dos, y así hasta que alguno acierta.

Si por ejemplo, el siete tira la pelota y ésta cae en el hoyo cuatro, aquél se anota cuatro tantos y le corresponderá jugar al número cuatro.

Gana el que consigue hacer 50 tantos.

La ardilla en los árboles

Las dos terceras partes de los jugadores deben estar parados de dos en dos, con las manos de uno sobre los hombros del otro, y formando cada pareja una especie de árbol hueco.

Los árboles deberán estar repartidos dejando un espacio considerable entre cada uno. Los jugadores restantes que representarán a la ardilla, deben ponerse uno en cada árbol. Una o más ardillas quedarán sin árbol. El profesor da una señal con las manos o con un silbato y todas las ardillas saldrán a correr de un árbol a otro, no debiendo volver al árbol en el que recién estuvieron. También la ardilla sin árbol tratará de refugiarse en alguno y el jugador que se quede sin árbol vendrá a ser la ardilla del centro.

La estaca venenosa

Organización. Formación en círculo, tomados de las manos. En el centro se clavará una estaca o un palo.

Desarrollo. Los jugadores se jalan los unos a los otros, tratando de hacer que boten el palo los vecinos; los niños que lo hacen caer van saliendo del juego hasta que queda uno solo, que será el ganador. Puede separarse del juego también a los participantes que suelten la mano al jalarse mutuamente.

Cuando la estaca sea derribada, debe ser parada inmediatamente por el jugador que la tiró, cerrándose nuevamente el círculo. Es entretenido y debe vigilarse que se juegue con moderación, retirando a los que estorben o molesten su desarrollo. Entusiasma a los jugadores y provoca momentos de júbilo.

La pareja distraída

Se divide la clase en dos círculos de igual número de participantes, eligiéndose las parejas que deben reconocerse en el curso del juego.

Los círculos, al toque del silbato, girarán en sentido contrario sin perder su formación, esto lo harán al trote lento. En un momento dado, la profesora toca el silbato y todas las parejas deben buscarse y sentarse al suelo tomadas de la mano; la última en hacer esto es la pareja distraída, que saldrá del juego.

Se continuará en esta forma hasta quedar una sola pareja que será la ganadora.

Las tapitas

Para preparar el material, el maestro pide que cada niño traiga una tapita.

Los niños, tomándose de las manos, forman una circunferencia. Luego el maestro les pedirá que se enumeren determinando qué niño comenzará y hacia qué dirección seguirá la numeración. Les recomendará que no olviden el número que dijeron, porque durante el juego se les llamará por el número que les toca. Terminada esta preparación, el maestro se colocará en el centro de la circunferencia para iniciar el juego, teniendo en las manos las tapitas de los niños.

Entonces, llamará a los jugadores —por sus números—, que estén contiguos en la circunferencia. Por ejemplo dirá: que salga el cinco y el seis. Éstos al oírse nombrar, soltarán las manos de sus compañeros y correrán, tomando direcciones opuestas, alrededor de la circunferencia. Los jugadores que estaban junto a los que fueron llamados, no deberán darse las manos, sino dejarán libre el espacio de sus compañeros, como si se tratara de una puerta abierta para la entrada de ellos al círculo. Mientras los jugadores cinco y seis dan la vuelta corriendo, el maestro lanza al aire las tapitas, de manera que se esparzan por el terreno a la llegada de los jugadores al círculo, al que entrarán por el lugar de la partida.

Una vez dentro, tienen que recoger todas las tapitas. De los dos, el que logre mayor número de ellas será declarado vencedor por su mayor destreza y habilidad demostradas en esa ocasión, y se le premiará dándosele el lugar que ocupa el maestro.

El juego se repite tantas veces como el interés de los niños lo permita, haciéndose el cambio del jugador que ocupa el centro en la misma forma.

(Es un juego propio para niños de ocho a nueve años.)

Los molinos y el viento

Un niñito hace de sol colocándose en un extremo con los brazos en alto y en arco; dos hacen de lluvia, dos de viento, y el resto de molinos y se encuentran por todo el campo de juego.

El sol que estaba agachado se eleva poco a poco; mientras tanto, los molinos agitan los brazos juntos, a la derecha e izquierda.

En un momento dado, entra el viento corriendo y se desliza entre los molinos que mueven sus brazos rápidamente. (Todo esto se puede hacer con música.) Luego entra la lluvia, el sol baja y los molinos mueven los brazos con más rapidez aún. Se va la lluvia, sale el sol, se va el viento y los molinos se mueven suave, lentamente. Pueden hacerse variaciones.

Muy de prisa

Organización. Los alumnos se colocan en dos columnas separadas una de otra. A una distancia suficiente como para correr, se colocan delante de cada columna dos chicos en posición de barrera, más allá como a cinco metros, dos alumnos más en posición normal, pero con las piernas separadas. Siempre hacia adelante, cinco metros más, otros dos alumno sentados en el suelo; y más allá dos últimos, en posición de firmes.

Los dos primeros alumnos salen corriendo; cuando han llegado hasta los primeros jugadores, saltan la barrera, siguen corriendo y llegan a los segundos y como están con las piernas separadas, pasan debajo de ellas; siguen su carrera y se encuentran con los terceros alumnos, entonces se sientan a su lado, se paran rápidamente y corren hacia los cuartos que están en posición de firmes, dan la vuelta alrededor de ellos, para regresar a sus columnas y colocarse detrás; al pasar por el que ha quedado ahora en primer lugar, le dan la mano para que salga corriendo a repetir lo que hicieron los anteriores. Así hasta que han corrido todos. El que llega primero a su columna es el que da el triunfo.

Que siga la bola

Se coloca al alumnado en dos columnas cada uno con una bola.

Desarrollo. Los dos alumnos primeros de las columnas pasan la bola a los dos que están detrás, por encima de la cabeza, los dos segundos pasan la bola a los terceros por debajo, o sea entre la piernas. Los terceros vuelven a pasar la bola a los de atrás por encima de la cabeza, así, hasta ver qué columna ha terminado primero.

Faltas. Cuando la pelota se cae al suelo, debe comenzar de nuevo toda la columna.

¿Quién la desaparece?

Este jueguito requiere cierta preparación previa:

a) Dibujar en el suelo o poner allí una figura de no más de 50 cm;

b) Recortar 12 o más cartones en forma de círculo de 15 cm y 20 cm de diámetro, y cuadrados de 15 × 15 centímetros;

c) Trazar la línea de lanzamiento a unos dos o tres metros de la figura.

Ahora que todo está listo, se sorteará el orden de los participantes y a su turno, cada uno se colocará en la línea de lanzamiento. Recibirá 12 figuras (círculos y cuadrados) y lanzará las piezas sucesivamente, tratando de cubrir la figura hasta hacerla desaparecer. Ganará el que logre alcanzar tal objetivo.

Recogida de bastones

Trazar una línea que pase por en medio del campo de juego. A cada extremo del campo se señala una meta de dos metros por uno y medio, equidistantes de la línea divisoria. Se colocan seis bastones o palos en cada meta. Se nombran dos capitanes y se forman dos equipos. Uno de ellos debe tener un distintivo. Los dos equipos se forman en doble hilera, frente a frente, a lo largo de la línea que los separa. Si los capitanes lo desean, pueden dividir sus equipos en corredores y guardianes de la meta. Los guardianes deben estar a no menos de cuatro metros de la meta, pero si un adversario pasa cerca de ellos de paso hacia la meta, pueden perseguirlo. El objeto del juego consiste en quitar al adversario todos los bastones y llevarlos a la propia meta.

Un jugador puede ser capturado antes de llegar al campo contrario, pero si alcanza la meta enemiga sin ser detenido, puede volver a la propia llevándose un bastón del adversario sin ser tocado. Si es capturado debe quedarse en la meta enemiga, como prisionero, hasta ser rescatado por un compañero. Mientras está prisionero puede extender la mano hacia su compañero, pero debe mantener los pies dentro de la meta que le sirve de prisión. Cuando un compañero lo ha alcanzado sin ser tocado por los contrarios, ambos pueden volver a su campo sin peligro. Mientras haya un jugador prisionero, sus compañeros están imposibilitados para llevar bastones del contrario. Los prisioneros deben liberarse primero. Gana el juego el bando que primero recoge los bastones del contrario.

Paso de gigante

Se elige un líder que se para en una línea; todos los demás jugadores se paran en otra línea trazada a una distancia de más o menos quince metros frente a aquél. El líder llama a los jugadores en el orden que quiera y les dice cómo deben moverse hacia su línea y volver al punto de partida.

El líder dice a cada participante cuántos pasos debe avanzar (de uno a cinco) en cada movimiento, y qué clase de pasos debe dar. Hay tres clases de pasos:

pasitos (más o menos del largo del pie del jugador); pasos (un paso normal); y pasos de gigante (tan largo como pueda hacerlo el niño). Por ejemplo, aquél podría decir: "Elena, puedes dar una paso, tres pasitos y dos pasos de gigante". Ella debe preguntar: ¿Puedo? Él contesta: "Sí, puedes", para que Elena se mueva.

Todos los jugadores deben observar si Elena cumple las órdenes fielmente. Si comete una falta, debe volver a su sitio y empezar de nuevo.

Gana el jugador que sea capaz de llegar hasta la línea del líder y volver a su sitio sin errar al obedecer las órdenes. Éste hace de líder en el juego siguiente.

Pelota esquiva

Material. Pelota de basquetbol.

Dividir la clase en dos equipos de igual número de jugadores: un equipo forma un círculo y el otro quedará dentro de éste en libertad. Rotarán los juegos cada cinco o diez minutos según el número de participantes.

Curso del juego. Los alumnos del círculo, a la señal, tratarán de tocar con la pelota a los de adentro (de la cintura para abajo); si lo consiguen, el jugador tocado sale del juego y en esta forma se contará un punto para el equipo de afuera. Para desorientar a los del centro, los del círculo pueden hacerse pases.

Resultará ganador el equipo que logre eliminar más jugadores en el tiempo correspondiente.

Torneo

Número de jugadores. Indeterminado.

Material. Un banco mediano, una vereda o un poste echado en el suelo, dos bastones de 1.50 metros de largo y una pelota de trapo.

Organización. Dos equipos. El animador llama a un niño de cada equipo, con más o menos igualdad de fuerza. Agarran el bastón como lanza, se suben al banco (poste) o parados en la vereda.

Reglas. A la señal, los adversarios se empujan ayudados por el bastón con la pelota de trapo.

El primero que logra desequilibrar a su adversario y lo hace caer, gana. Del mismo modo siguen los demás jugadores.

Juegos de simple entretenimiento

Baldosas iguales

¿Puedes decirnos cuántas y cuáles son las
baldosas iguales y que forman parejas?

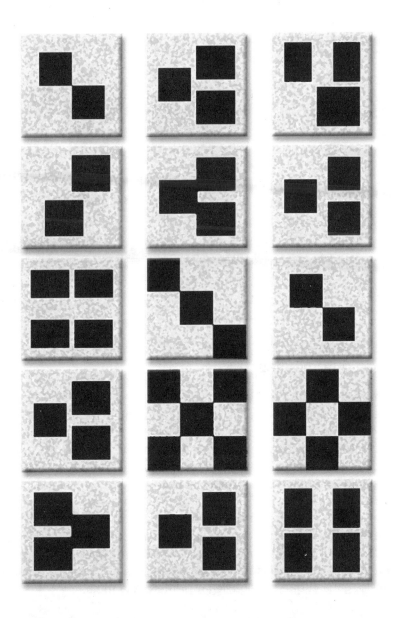

Camino de piedra

Los zapatos
del Rey Cant
se han extraviado
por el camino.
Mas los muchachos
tan vivarachos
han de llevarlos
a su destino.
¡Busca la senda!
Llega a la tienda.
Con las cinco letras
que has de encontrar
una palabra
vas a formar.

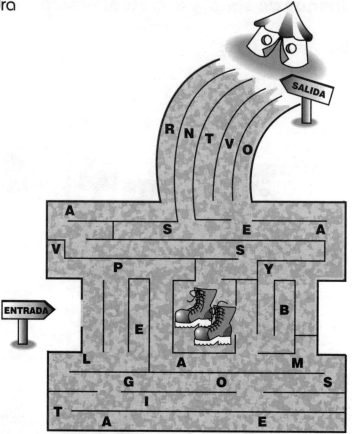

Carrera de automóviles

Número de jugadores. Dos.

Material. Botones, monedas o tapas (que harán las veces de automóviles); un dado y el tablero de la página siguiente.

Instrucciones. Los participantes deben colocar su ficha en la línea de partida; sorteada la salida, los jugadores arrojarán el dado avanzando en los casilleros según los puntos que marque el tiro.

Reglas. ¡Atención!, si se llega a las casillas dos o tres, se avanza hasta el número siete; en la cinco o nueve se pierde un turno; en la diez o 13 se ganan dos turnos; en la 12 o 17 se retrocede a la casilla ocho; en la 16 o 21 se adelanta hasta la 23; en la 19 o 25 se retrocede hasta la 18; en la 26 o 30 se pierden dos turnos: en la 31 o 34 se adelanta dos casilleros y en la 37 se pierde un turno. Por supuesto, gana el que consiga llegar primero a la meta.

CARRERA DE AUTOMÓVILES

Cuentos disparatados

Se entrega una hoja de papel a cada participante y se le pide que vaya escribiendo un cuento o composición cualquiera. El que dirige el juego golpea de pronto las manos, y ordena a cada jugador pasar el papel al de la derecha. El que recibe el papel, sin leer lo que ya está escrito, debe continuar escribiendo, lo que empezó en el primer papel, y así rota sucesivamente hasta terminar la vuelta. Después se leen los cuentos, que provocarán la risa de todos por lo disparatados. Resultarán cosas de este tipo:

> Yo había salido de paseo con Juanito. Ibamos en automóvil cuando Juanito... alargó la trompa, la enroscó en un árbol y lo arrancó de un tirón... mientras yo estaba hablando por teléfono... y se me espantó el caballo...

¡Cuidado! ¡No romper platos!

Se pone en el suelo una serie de platos en dos hileras. Se le pide a uno de los participantes que mire bien dónde están los platos. Luego, se le vendan los ojos, y después de hacerlo dar vueltas, se le invita a caminar por entre los platos sin pisar ninguno. Cuando la persona avanza, lo que seguramente hará con mucho cuidado, dos de los presentes van retirando los platos, sin hacer ruido.

Resulta muy gracioso ver a la persona que con los ojos vendados trata de no pisar los platos que ya no están en el suelo.

Estrellas

Traza sólo tres líneas
y divide este triángulo
en 4 triángulos
en donde queden
encerradas 4 estrellas.

La bolsita de sorpresas

En una bolsita de tela se pone una serie de objetos variados. Por ejemplo: un cuaderno, un libro, un lápiz, un cortaplumas, un borrador, etc. Cada participante tantea por fuera la bolsita y anota en un papel el nombre de un objeto que crea haber adivinado. La bolsita pasa de mano en mano hasta completar la vuelta. Y da tantas vueltas como objetos se haya puesto en ella. Terminadas las vueltas, se procede a abrirla... Gana el que haya acertado el nombre del mayor número de objetos. (Juego apropiado para el primer grado.)

Laberinto

¿Podrás llegar a través de este laberinto al punto B, partiendo desde el círculo A empleando para ello tan sólo 120 segundos?

Rompecabezas

PIEZA FALTANTE

¿Cuál pieza crees
que encaja en el cuadro?

¿PUEDES FORMAR UNA H?

Dibuja estas cinco figuras sobre papel duro y recórtalas. Ahora trata de juntarlas de modo que formen una letra H. ¿Cuánto tiempo tardarás?

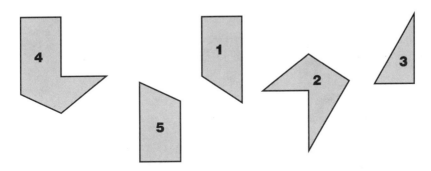

SEÑALA LA PIEZA CORRECTA

Las piezas marcadas con letras tienen su ubicación en los espacios numerados.

Indica en qué espacios deben colocarse.

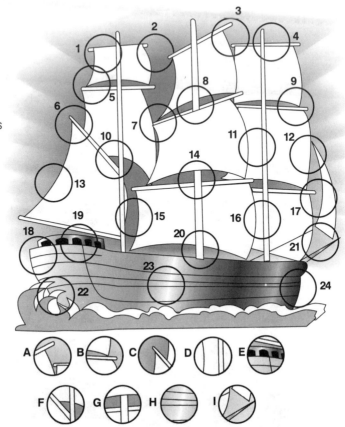

TANGRAM

El Tangram es un milenario juego chino que consiste en un cuadrado cortado en siete trozos con los que se puede hacer un sinnúmero de formas. Aquí te damos las siete piezas que puedes pegar en una cartulina y después formar las figuritas de los modelos de abajo.

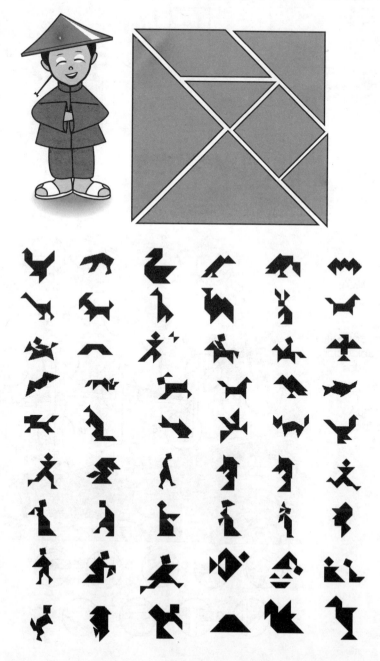

Siluetas

Te desafiamos a que descubras cuál es la silueta que corresponde al hombrecito.

Hay quienes lo hacen en menos de treinta segundos.

¿Cuánto tiempo empleas tú?

¿Qué dice?

Con estas letras forma el nombre de un baile conocido.

¿Quién está allí?

Si unes todos los números del 1 al 75 con una línea, podrás ver
quién es el amigo que llegó tarde al dibujo.

Tres
Antología de juegos por asignaturas

El juego es potente palanca de aprendizaje en los niños,
hasta el punto de transformar en juego
la iniciación a la lectura,
al cálculo...

Jean Piaget

Asignaturas y juegos

Un gran número de juegos, por su contenido, guarda estrecha relación con el aprendizaje de los cursos o asignaturas, de modo que puede coleccionarse juegos aritméticos, de lenguaje, de ciencias naturales, de ciencias histórico-sociales, etc.

Mucho se ha escrito acerca del valor pedagógico del juego, pero hasta ahora se le ha utilizado poco en el proceso de aprendizaje. No obstante los anhelos que expresó Froebel y luego ha revivido en los ideales y prácticas de María Montessori y Decroly, no han caído en el vacío, felizmente han surgido docentes entusiastas encargados de difundir y practicar las ideas de aquéllos.

El Lenguaje. Particularmente para iniciar a los niños en el aprendizaje de la lectoescritura se ha hecho y se hace uso de multiplicidad de juegos. En Perú, por ejemplo, es muy recordado el método del profesor Nicanor Rivera Cáceres, por la variedad de actividades que los niños debían realizar. Entre juego y juego acrecentaban sus dominios en estas tareas básicas.

El Método de Cuentos, por la base psicológica que la globalización le ha dado, tiene su más perfecta aplicación con el juego. Las demostraciones prácticas realizadas hace años en la Escuela Anexa de la Universidad de la Habana, por varios especialistas, y por la doctora Echegoyen, son buenos ejemplos del valor del juego en la lectura.

Las dramatizaciones del lenguaje no tendrían vida si no se asociaran con el juego. Tan numerosas son sus aplicaciones que resulta obvio citar ejemplos particularizados de ellos.

Ciencias Sociales. Los juegos de los distintos países ocupan el primer lugar en el estudio de la Geografía y de la Historia. Dentro de ellos son muy difundidos los juegos de la familia, la tienda, el banco, la ciudad, el correo, la escuela, y otros más. Asimismo, son de gran utilidad los crucigramas, las dramatizaciones, las ruletas y los círculos geográficos, que deben aplicarse al estudio de hechos históricos, montañas, llanuras, poblaciones, vías de transporte, costumbres, etc.

Matemáticas. Es en esta asignatura donde más se ha utilizado el juego en los primeros años de escolaridad, como ejemplo citaremos uno del teléfono. Cuando llegaron los niños, el maestro había escrito la lista telefónica en el pizarrón. A cada niño le asignó un número de cuatro cifras. Les explicó cómo era el juego, dio las instrucciones necesarias y se sentó haciendo el papel de telefonista. Después un niño llama: ¡Señor deseo comunicarme con el número 20-40. Luego de ubicar al niño de este número, le pregunta: ¿Podría decirme cuánto valen 18 manzanas a dos por cinco centavos?, y algo similar se hace con todos los niños.

También es conocido el juego de la tienda escolar, el pase del puente, las carreras, la escalera, el banco, el calendario, las tejas, los cuadros mágicos, el dominó, armar figuras y/o sólidos geométricos, etc.

Asimismo puede advertirse que el juego desempeña funciones educativas específicas tales como:

a. Juegos de movimientos. Son los que corresponden a una necesidad biológica o una actividad física. Ejemplos: balanceo, columpios, carreras, saltos, ronda, trepar, nadar, etc.

b. Juegos sensoriales o de educación de los sentidos. Mediante los cuales el niño se asegura el dominio sobre los diversos órganos y sobre los objetos exteriores: extender, contraer los miembros, recoger, romper, empujar. Estos juegos son: auditivos, visuales, táctiles, olfatibles.

c. Juegos de inteligencia. Contribuyen a satisfacer el instinto de curiosidad del niño y sirven para aumentar el espíritu de observación, del juicio, de generalización, de atención, de invención, etc. Ejemplos: rompecabezas, adivinanzas, etc.

d. Juegos para la educación de la sensibilidad. Sirven para desenvolver el sentido social y ayudan a que aparezcan y se desarrollen los sentimientos de afecto y simpatía. Ejemplos: juegos de competencia por grupos o equipos.

e. Juegos de voluntad. Contribuyen al dominio de la voluntad como poder de detención o de inhibición. Ejemplos: permanecer sin reír, sin hablar, sin gritar; según las normas del juego.

f. Juegos artísticos. Sirven para despertar en el niño el sentimiento estético. Pueden ser:

- Juegos épicos: escuchar cuentos y/o escenificarlos.

- Juegos arquitectónicos: realizar pequeñas construcciones en
  madera, papel, cartón, arena, etc.

- Juegos de imitación plástica: dibujar, hacer mímica.

- Juegos pictóricos: iluminación de figuras.

- Juegos dramáticos: representaciones teatrales, juego de roles, etc.

El niño repulsa el trabajo impuesto, por eso hoy se pondera el juego como
instrumento de aprendizaje, dado que el profesor lo provoca con finalidades
preconcebidas en atención a la evolución psicobiológica del niño.

La mayoría de los maestros, profesionalmente, están conscientes de que
los primeros años de existencia infantil se caracterizan por su actividad motriz
o sensorial. Es la edad del juguete, por eso es que gatea, corre, camina, salta,
etc. De dos a seis años practica juegos imaginativos. Vive un mundo de ilusión por su fantasía creativa, un palo es un caballo, una cajita es una casa,
etc. De seis a 12 años predominan los juegos gregarios o sociales, necesita el
concurso de sus amiguitos, hace dramatizaciones, etc. En la preadolescencia
da mayor importancia a los juegos de competencia y cooperación, le interesa
más el deporte.

Sobre estas bases generales y la aplicación de sus dominios de Psicología
general, Psicología de la educación, Psicología del niño, Sociología general,
Sociología educativa, Biología, Anatomía, Supervisión de juegos, Técnicas de
globalización, Técnicas de correlación, Administración educativa, Supervisión
educativa, Tecnología educativa, etc., el profesor debe promover juegos diversos, orientados a facilitar el aprendizaje o repaso de las asignaturas, consignan-
do en cada una sus áreas cognoscitivas, afectivas y volitivas en el afán de brindar
educación integral y permanente.

A guisa de ejemplos he aquí algunos juegos:

Juegos de reforzamiento del lenguaje

Según el grado de estudios, niveles de progreso, intereses y necesidades del alumno, el docente debe variar sus actividades y presentarlas como juegos, a fin de que él o los alumnos los asuman alegremente en un ambiente de horizontalidad y confianza mutua.

Crucigramas

Arograma
Coloca en los círculos respectivos las letras que corresponden a cada palabra, de acuerdo con las definiciones que damos. Comienza la palabra por donde indica la flecha y siguiendo el movimiento de rotación de las manecillas del reloj.

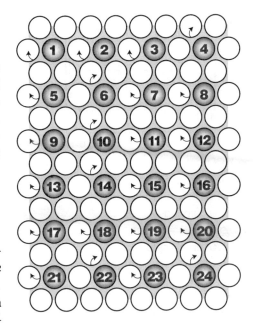

1. Aumentaba una cantidad a otra.
2. Naturales de Arabia.
3. Tirará a la basura.
4. Lago pequeño.
5. Donde están los ojos, boca, cerebro, etc.
6. Quitaré la humedad.
7. Amor, afecto.
8. Que no es útil.
9. Golpe con una maza.
10. Igualaba con el rasero.
11. Imaginaba algo durmiendo.
12. Poner liso algo.
13. Que tiene lozanía.
14. Descenderá.
15. Cerdo salvaje.
16. Rasgan con las uñas.
17. Que suena.
18. Que ora.
19. Argumento con dos propuestas que confunden.
20. Muy pequeños.
21. Violeta oscuro.
22. Caerá rodando.
23. Tablero para jugar damas.
24. Ríe levemente.

Crucicuadros

Para resolver este juego, hay que colocar en donde corresponde, las palabras relacionadas con las definiciones; puede ser en cualquiera de los dos esquemas. Como puedes ver, damos las definiciones solamente indicando si la respuesta va en sentido horizontal o vertical, mas no el lugar donde debe colocarse, ya que esto te toca descubrirlo.

P		R		D
N				R
L		R		S

P		R		D
N				R
L		R		S

HORIZONTALES
Nombre de mujer.
Obstrucción atasco.
Finaliza, termina.
Tapia, muro.
Avanzar en el agua.
Dioses del hogar.
Embuste, trampa.
Papagayos.
Decir que no es cierto.
Detened la marcha.

VERTICALES
Parte saliente del tejado.
Caer por la escalera.
De Arabia.
Conjunto de casillas que forman las abejas.
Rociar agua al jardín.
Hombre muy pequeño.
Presidio, cárcel.
Entregarás.
Acomete, embiste.
Cubres con una capa dorada.

. . . .

Coloca las palabras correspondientes a las definiciones, ten en cuenta que tanto horizontales como verticales son iguales.

A. Partes que nacen del tallo.
B. Perfume, olor que emana de algo.
C. Habitan, viven en un lugar.
D. Tendrá afecto, amor por alguien.
E. Curar a un enfermo.

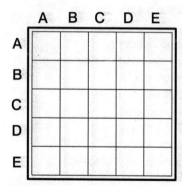

Cruzados

Escribe las palabras correspondientes a las referencias que damos, siempre de izquierda a derecha y de arriba hacia abajo, o de abajo hacia arriba conforme indicamos.

HACIA ABAJO

1. Artículo neutro (pl.)
2. Vestido rico y lúcido (pl.)
3. Contraer matrimonio.
4. Probar.
5. Ave de pico grande.
6. Decir oraciones.
7. Detener.
8. Uno de los tres hijos de Noe.

HACIA ARRIBA

3. Óxido de calcio.
4. Calidad de lo que está caliente.
5. Pones precio.
6. Caminos, itinerarios.
7. Faltar a la ley de Dios.
8. Perseguir la caza.
9. Realizarán.
10. Océano.

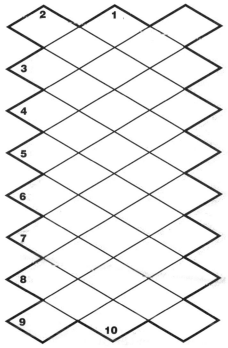

La escalera diabólica

Esta es una sopa de letras en donde se hallan todos los nombres de las figuras representadas, y tú tienes que hallarlas. Te hemos puesto el ejemplo de "pipa".

Pupiletras

Campo
Tanto
Equipo
Ganador
Pase
Tiempo
Perdedor
Meta
Juego
Salto

P	E	R	T	R	E	N	R	D	L
O	J	R	M	O	L	R	A	P	I
O	P	U	O	U	O	V	A	O	N
T	F	M	D	D	G	S	D	P	T
L	A	B	A	E	E	N	E	I	D
A	T	N	A	C	U	D	E	U	E
S	A	R	T	S	J	M	R	Q	C
G	F	C	E	O	P	G	A	E	L
S	E	R	M	O	L	O	C	T	P

Sílaba constante

Las palabras se escriben horizontalmente según las definiciones y teniendo en cuenta que la sílaba "la" forma parte de la palabra.

1. Gota que cae de los ojos por una pena.
2. Decía alabanzas.
3. Aparato para colar.
4. De forma oval.
5. Obsequiar.
6. Colegio, centro de estudios.
7. De Cataluña.
8. Que no dice nada.
9. Que vuela.
10. El personaje de la lámpara maravillosa.
11. Ratera.
12. Causar alarma.
13. Naturales de Polonia.
14. Danzaba.
15. Que estudia en una escuela.
16. Arma de fuego para disparar balas.

#								
1	L	A						
2		L	A					
3			L	A				
4				L	A			
5					L	A		
6						L	A	
7					L	A		
8				L	A			
9			L	A				
10	L	A						
11	L	A						
12	L	A						
13		L	A					
14			L	A				
15				L	A			
16					L	A		

Dramatizaciones

Muchos juegos infantiles son en realidad dramatizaciones y juegos de roles. Algunos son la imitación de situaciones de la vida real, como los de "La comidita", "El médico que cura al enfermo", "La tiendita", etc. Otros son parte de la tradición oral, como "Ladrones y celadores" (Policías y ladrones) y entre éstos cabe agrupar a los sugeridos por las historietas, las películas y la televisión.

Esto implica que los niños ya tienen cierta preparación proporcionada por sus propias experiencias lúdicas, para realizar dramatizaciones y juegos de roles como acción educativa planificada para apoyar el desarrollo de la expresión oral, que en este caso específico incide sobre la forma en que se expresan determinadas personas en ciertas situaciones posibles. Sin embargo, el hecho de que los niños realicen tales juegos con gran naturalidad en su vida privada, no asegura que los puedan realizar en público en la escuela, pues contra ello conspira su natural timidez y el hecho de que se viola la intimidad del juego cuando un extraño los observa. Por ello, conviene lograr una atmósfera de confianza, en la que todos jueguen, de tal manera que no haya al principio testigos, observadores o curiosos. En consecuencia, será mejor comenzar el trabajo en este campo organizando grupos que realicen simultáneamente juegos conocidos o comunes.

Más adelante, el profesor propondrá algunos temas o situaciones imaginarias, y asignará roles a los niños o dejará que éstos acuerden el reparto de los mismos entre los de su grupo. Tales situaciones pueden ser por ejemplo:

El mercado

Se anuncia que se va a jugar al mercado o a la feria. Unos alumnos harán de vendedores de diversos productos que simularán con piedras, latas, botellas, vacías, palos, cajas etc., que representarán productos como papas, naranjas, pan, aceite, conservas de pescado, azúcar, ropa, etc. Otros niños harán de compradores que pasean entre los vendedores y preguntan por los precios y regatean mucho antes de comprar algo, y pagan con tapas y papeles.

Asimismo, un alumno hará de policía municipal y otro de alcalde. El primero verá que los vendedores cobren los precios justos, que no den de menos ni vendan productos en mal estado, y recibirá las quejas del público. El alcalde observará la escena y recibirá las quejas más graves, a fin de resolver los problemas y hacer justicia.

Cuando los alumnos ya no tengan inhibiciones para realizar las dramatizaciones en que intervienen todos, o en grupos grandes, se podrá hacer participar a parejas o grupos pequeños ante el resto de sus compañeros. Esto es especialmente útil con el juego de roles, pues éstos, por una parte, fomentan la creatividad del niño, y por otra, lo hacen ponerse en el caso de otras personas, contraponiendo puntos de vista, intereses, necesidades, etc. Por ejemplo, un alumno hace de vendedor y otro de comprador. El vendedor exige un precio muy elevado, y el comprador propone un precio demasiado bajo. Regatean y discuten largamente sobre los méritos y defectos del producto, lo que cobran otros, etc. Luego, intercambian sus roles, de manera que el que hizo de vendedor debe hacer de comprador, y viceversa, lo cual permite contrastar puntos de vista diferentes, y la forma en que ello se manifiesta en el lenguaje.

El correo

Los niños formarán una circunferencia quedando separados entre sí, por la distancia de su brazos extendidos horizontalmente.

Todos los participantes, menos uno, traerán colgado en el cuello, por delante, un pedazo de cartulina con el nombre de un país de América.

Al centro de la circunferencia se coloca otro niño o el maestro, haciendo el papel de correo. Este participante es el que no lleva cartulina. Al comenzar el juego, dicho jugador dirá: El correo lleva una carta de Perú a Bolivia, por ejemplo. Los jugadores cuyas cartulinas dicen el nombre de esos países deberán intercambiar rápidamente sus lugares, momento que aprovechará el correo para ocupar uno de esos sitios desocupados mientras se efectúa el cambio.

De los dos "países", el que se queda sin lugar va al centro tomando el papel del correo, y éste se cuelga en el cuello la cartulina del que lo sustituye, ocupando su lugar. El nuevo correo volverá a comenzar el juego nombrando otros países. El jugador que haga de correo debe tener cierta picardía al nombrar los países, no haciéndolo cuando mira las cartulinas de los que va a llamar.

Reglas. El correo deberá nombrar los países rápidamente evitando ventajas para uno. Cuando los jugadores oyen nombrar los países que representan, están obligados a salir hacia el centro, donde ambos ya podrán darse cuenta de los lugares que deben ocupar, respectivamente.

Variante. Puede ampliarse la geografía, de acuerdo con el grado que cursen los jugadores. El tema dará como resultado una conversación sobre los medios de comunicación, y por consiguiente, una eficiente visita a la oficina de correos más cercana, para que ellos investiguen los medios de comunicación, aprendiendo lo que es un giro y cómo se hace; lo que es un telegrama, una carta telegráfica, un certificado, etc., lo cual pudiera dar origen al proyecto de establecer una oficina de correos en la escuela.

Cuando los jugadores son ya muy expertos, se puede hacer el juego más complicado y divertido, llamando a cuatro países a la vez.

El mensaje

Edad. De nueve a 15 años.

Duración. 15 minutos.

Número de jugadores. Ocho.

Material. Diez papelitos por equipo para escribir un mensaje.

Organización. El mensaje está dividido en diez partes. Cada parte está escrito en un papelito doblado y colocado al centro de una mesa.

El juego consiste en que cada equipo construya el mensaje rápidamente.

Reglas. Cada equipo envía a un miembro. Éste busca una parte del mensaje. No puede abrirlo antes de llegar hasta donde está su equipo, donde será apuntado. Un segundo jugador devuelve el papel y trae otro. Así, sucesivamente, se van sucediendo los jugadores hasta que el mensaje se complete. Gana el equipo que termine primero.

Jeroglíficos

Entre dibujos, números y letras está encerrado un mensaje.
¿Puedes descifrarlo?

Te damos un ejemplo: (reg)**la** / **ver**(ja) = La ver...

Juegos ortográficos

Algunas dificultades ortográficas del castellano son:

- Presencia de una h delante o después de las vocales.

- Confusión entre j y g.

- Confusión entre b y v.

- Confusión entre n e y.

Antes de comenzar un juego ortográfico, para tratar una de las dificultades mencionadas, los alumnos deben tener una palabra clave a la cual referirse, por ejemplo:

- Caballo se escribe con b de burro.

- Tijera se escribe con j como en paja.

Es obvio que si dice con la b de burro, o con j como en paja, los alumnos no deben tener ninguna duda de cómo se escribe burro o paja. De lo contrario, lejos de ser una ayuda para los alumnos, el juego no hará sino aumentar su duda.

El juego más sencillo consiste en anunciar a los alumnos que se van a buscar palabras que se escriben, por ejemplo, con la j de paja. El profesor escribe en la pizarra "paja". Los alumnos buscan palabras donde suena una "j". Éstas no se escribirán necesariamente con "j". Pueden surgir palabras como gente o general. A cada palabra propuesta, el profesor preguntará si se escribe con "j" de paja. Si es así, el profesor la escribirá debajo de la palabra paja. En el caso contrario, no la escribirá. Cuando hay una lista de palabras que se escriben con "j" de paja, el profesor pide a varios alumnos que lean dichas palabras. En seguida, volverá a copiar la lista en una esquina de la pizarra. Esta lista se quedará en la pizarra durante varios días. Durante este lapso, cada vez que se encuentre una palabra que se escribe con "j" de paja, se escribirá en la lista.

Los alumnos copiarán la lista de palabras que se escriben con "j" de paja en su cuaderno. Cada alumno podrá así incrementar su propia lista, a medida que vaya encontrando una palabra adecuada.

Se procederá de la misma manera con cada uno de los problemas ya mencionados. Es un medio de motivar a los alumnos a fijarse en la ortografía de las palabras cuando leen.

Desafío

Te desafiamos a resolver el siguiente dilema. Tiene una proposición correcta, y otra incorrecta. Si compruebas que has marcado la respuesta correcta, anotas dos puntos a tu favor. Pero si has marcado la suposición errada, obtienes un desaprobatorio cero y tienes que repasar —siguiendo las instrucciones— el conocimiento ortográfico que ignoras.

Dilema. Si, mediante una carta, comunicas a tu padre:

Mis amigos son José Luis María Esther y Juan Pablo.

¿Qué crees que tu papá entenderá?
(Marca sólo una de las opciones siguientes)

   a)   Que tienes tres amigos.
   b)   No sabrá cuántos amigos tienes.

a)   Respuesta errada.
       Sin la señalización de la "coma separadora" ningún lector podrá precisar cuántos ni cuáles amigos tienes.

Si son tres amigos debió puntuarse así:

Mis amigos son José Luis, María Esther y Juan Pablo.
(La *y* resulta una "coma final" en las enumeraciones)

Una pregunta muy fácil: ¿Cómo puntuarías esa oración para comunicar que tienes 5 amigos?

b) Respuesta correcta.

Recuerda que la tarea más útil de la coma (,) es separar cada elemento que enumeramos.
Si son 2 amigos y 2 amigas, debió puntuarse así:

Mis amigos son José Luis, María, Esther y Juan Pablo.

Si tienes 5 amigos, la puntuación correcta es:

Mis amigos son José, Luis, María, Esther y Juan Pablo.

(En la práctica, la y anticipa que enumeramos el último elemento y hace innecesario adjuntar una coma a esta conjunción).

La letra que le gusta jugar

Se entrega a cada alumno una hoja de papel y se le dice que escriba en ella las preguntas que se le dictarán; como modelo, el profesor escribirá dos o tres preguntas en el pizarrón. Esto se hará de la manera siguiente, poniendo los alumnos las respuestas después de los dos puntos.

1. R y una letra dicen una nota musical: re.

2. R y dos letras dicen el nombre de una corriente de agua: río.

3. R y dos letras dicen el nombre de una bebida: ron.

4. R y tres letras dicen lo que hace un animal: roer.

5. R y cuatro letras dicen el nombre de un útil escolar: regla.

6. R y cinco letras forman el nombre de un vegetal que se come en ensaladas y es rojo por fuera: rábano.

7. R y siete letras forman el nombre de una planta con cuyas hojas se hace cocimiento: romerillo.

8. R y siete letras forman el nombre de un pájaro que canta muy dulcemente: ruiseñor.

9. R y ocho letras forman el nombre de la cría de la rana: renacuajo.

10. R y nueve letras forman el nombre del lugar donde se vive: residencia.

Al final se declara vencedor al alumno que haya contestado correctamente el mayor número de preguntas.

El juego es propio para jugarlo en el aula los días de mal tiempo, con alumnos de once y doce años que están en cuarto o en quinto año. Puede ampliarse más el lenguaje para el repaso de la ortografía y práctica del manejo del diccionario.

Los periódicos

El maestro encargará a los alumnos que le traigan periódicos viejos para hacer un juego que él cree que va a interesarles mucho, y cuando considere que tiene suficiente papel, procederá a repartir el mayor número de tijeras que le sea posible, goma para pegar y hojas de periódicos.

Escribe en el pizarrón una frase de una longitud adecuada al grado en que están sus alumnos y después que todos la han leído y le expresen que ya la comprendieron, la borra, explicando que el juego consiste en recortar del periódico que les entregó, letras o palabras enteras, si las hay, que les puedan servir, y pegarlas en las hojas de papel preparadas para tal efecto, reconstituyendo de este modo la frase que se encontraba escrita en el pizarrón.

El primero que termine sin haber cometido ni una sola falta de ortografía, será proclamado vencedor.

Trabalenguas

En la escuela, jugar con trabalenguas constituye un excelente ejercicio para la correcta articulación de algunos sonidos, debido a que están construidos de tal manera que repiten una misma sílaba o un mismo sonido que juntan luego a otro semejante, lo cual induce a una pronunciación equivocada si no se pone atención al decirlos. Constituyen recursos amenos porque forman parte del folclore literario infantil, en

Pablito clavó un clavito

¿Calvito calvó un pablito?

¿Calvito calvó un pablito?

¿Palvito pabló un calvito?

razón de que responde a las necesidades e intereses lúdicos de los niños.

Cuando el pequeño oye un trabalenguas, no le interesa qué significa o si significa algo. Le importa sólo como un problema de pronunciación, como algo que al decirlo resulta gracioso y difícil, y que se va a transformar en una habilidad que lo va a satisfacer personalmente y con lo que va a deslumbrar a sus padres y compañeros de juego.

Para motivar el aprendizaje de los trabalenguas conviene insertarlos en una anécdota. Por ejemplo, el trabalenguas:

> Donde digo digo,
> no digo digo sino
> que digo Diego

Se dice que una vez un niño llamado Diego escribió una carta a sus padres, quienes estaban de viaje, y al terminarla se equivocó al firmar. En vez de escribir Diego escribió digo. Entonces, en lugar de borrar o corregir, puso una nota al pie de su carta en la que hacía la correspondiente aclaración: "Donde digo 'Digo' no digo digo, sino que digo Diego".

Similar trabajo se podrá realizar con los siguientes:

> Buscaba en el bosque
> Francisco, un vasco bizco
> muy brusco, y al verle,
> le dijo un chusco:
> ¿Busca en el bosque, vasco bizco?

> Truenan atronadores
> aplausos cuando al trapecio
> trepan los trapecistas

Vocales perdidas

Si faltan vocales, coloca una en cada rayita para que el refrán salga correcto.

_L _M_R _S L_ M_S N_BL_ D_ B_L D_ D_L _SP_R T_

Juegos para el aprendizaje
de las Ciencias Naturales

Animales útiles

Objetivos. Reconocer la utilidad de los animales.

Medios. El patio de recreo, alumnos.

Organización. Se colocan los niños en fila de uno, en un extremo del campo; uno hace de director (vendedor); y en secreto, a cada quien le pone el nombre de un animal. Otro niño hace de comprador y se coloca a 5 metros de distancia.

Desarrollo. El comprador dirá: ¿Puede venderme un animal para mi alimento? El que dirige el juego contestará: ¿qué animal desea?; el comprador dice el nombre de un animal, si éste corresponde a uno de los jugadores, el nombrado debe salir corriendo hacia el lugar determinado con anticipación. Si es detenido por el comprador antes de regresar al punto de partida será hecho prisionero. Así prosigue el juego hasta que el comprador haga tres prisioneros, luego otro niño hace de comprador.

Evaluación. Afianzar en los niños la utilidad de la granja y de los animales que en ella se crían.

Carrera de canguros

Número de jugadores: De 12 a 35.

Material. Dos pelotas de futbol o de basquetbol.

Organización. Los jugadores se dividen en equipos de igual número de jugadores. Los componentes de cada equipo se colocan en columna detrás de la línea de partida; al frente de cada fila habrá un jugador con una pelota.

Desarrollo. Dada la señal del comienzo, el primer jugador de cada equipo pasa la pelota hacia atrás, de mano en mano, sobre la cabeza de los componentes hasta que llegue al último jugador. Éste coloca la pelota entre las piernas y con las manos en las caderas debe ir a saltos llevando así la pelota, hasta colocarse a la cabeza de la columna.

La pelota no puede ser tocada con las manos. Si el jugador pierde la pelota, puede colocarla nuevamente entre sus piernas en el lugar que cayó, continuando el juego hasta llegar a la cabeza de la columna. Al llegar a ésta toma la pelota entre sus manos y la pasa nuevamente sobre la cabeza de los jugadores, continuando el juego. Cuando todos hayan llevado la pelota, el penúltimo jugador concluye la carrera colocándose a la cabeza de la columna y levantando la pelota.

Carrera de perritos

En esta singular carrera participan cuatro jugadores. Deben poseer un perrito de igual tamaño, que se realiza doblando una cartulina por la mitad y recortando la silueta de dicho animalito, misma que pintarán graciosamente.

Se cortan cuatro cordeles de no más de tres metros de largo, y con un espacio de unos 75 cm entre ellos, atarán uno de sus extremos en unas estacas (de 60 cm a 70 cm) y el otro a un tendero que se habrá preparado con dos estacas y una cuerda, al mismo nivel que las anteriores. Ahora, cada jugador tomará el extremo de la cuerda que le corresponde y dando pequeñas sacudidas hará avanzar a su perrito (que estará colocado "a caballo" sobre la cuerda) hasta llegar a la meta.

Ganará el primero que lo logre.

Carrera de sapos

Organización. Formación en varias columnas de cuatro a seis jugadores cada una, con las piernas flexionadas y las manos apoyadas en los hombros de los de adelante. Un niño a la cabeza de cada columna, de espalda al profesor, llevará de la mano al primer "sapo", marcándose una línea de partida y otra de llegada a unos diez o quince metros entre sí.

Desarrollo. Colocados los primeros "sapos" de cada columna en la línea de partida, a una señal dada avanzarán saltando sostenidos por el niño que sujeta a los primeros, sin enderezar las piernas y sin romper la columna. Ganará la fila que llegue a la meta sin que se caiga alguno del grupo.

El grito de la selva

Material. Papeles con el nombre de animales machos; otros papeles con los mismos animales, hembras; y otros con el nombre de la cría de éstos. Ejemplo:

Gallo, gallina, pollito
León, leona, leoncillo

Disposición. Todos (sin equipo) se ponen en círculo, de pie o sentados.

Regla. Todos los jugadores reciben del guía un papel en secreto y no deben leerlo hasta que se les indique.

El guía cuenta una pequeña historia en que los animales de un zoológico se salen de sus respectivas jaulas, se confunden y después tratan de encontrar su respectiva familia, originando una bulla tremenda.

Al final de la historia, el guía ordena que todos lean sus papeles y empiecen a emitir el grito característico del animal que les ha tocado, para ubicar así a los demás miembros de su familia. Cuando se reconocen, se sientan juntos.

Valor educativo. Estimula manifestaciones de emoción, alegría y expresión onomatopéyica.

La abeja golosa

Materiales. Sombreros o gorras de papel.

Número de participantes. Seis o más, en grupos de tres.

Tres jugadores se colocan con las piernas abiertas y con la cara hacia el mismo lado, de modo que los pies del muchacho del centro tengan contacto con los de los otros dos. Aquél lleva el sombrero puesto y hace de abeja. Los otros dos niños se cubren con la mano más alejada de la abeja, la oreja que está más próxima a ella. La otra mano queda libre.

La abeja dice: —¡Zuur, zuur!, ¿en qué flor me posaré? Y al mismo tiempo pellizca la palma de la mano levantada de uno de sus compañeros. Éste trata entonces de derribarle el sombrero con la mano libre, diciéndole:

—¡Apártate de esta flor, abeja golosa!

La abeja, sin cambiar de sitio, debe hacer un movimiento para evitar la caída del sombrero. En el momento en que éste cae, la abeja es reemplazada por el jugador que la "ha derribado" y continúa el juego del mismo modo.

Los propios niños pueden confeccionarse gorros de papel para participar en el juego.

La araña y las moscas

Lugar apropiado. Un patio. Sin equipos.

Grados. Primero a tercero.

Jugadores. De diez a 50.

Instrucciones. Trácense dos líneas de base en extremos opuestos del área, y un círculo equidistante de las dos líneas. Un jugador, la araña, se sienta en medio del círculo. Los otros jugadores son las moscas que andan o saltan en torno al círculo, pero deben tener cuidado de no poner los pies en la telaraña. En cualquier momento la araña puede saltar de pronto y perseguir a las moscas. Cuando lo hace, las moscas corren hacia la base más cercana. La mosca atrapada antes de llegar a una línea de base se convierte en araña y se une a la primera araña en el círculo o telaraña. La primera araña siempre da la señal para perseguir a las moscas. Cuando se juega con música, la araña sale a perseguir si para la música.

Sugerencias. Establezca la regla de que el jugador que entra en la telaraña (círculo) queda atrapado.

Las aves

FAISÁN

GAVIOTA

GALLINA

PICAFLOR

PAVO

PATO

PAVO REAL

CISNE

PINGÜINO

GOLONDRINA

LORO

TUCÁN

MARTÍN PESCADOR

CARPINTERO

CASUARIO

ÑANDÚ

GARZA

CIGÜEÑA

CÓNDOR

AVESTRUZ

ESPÁTULA

IBIS

MARABÚ

ÁGUILA

HALCÓN

LECHUZA

KIWI

Las frutas

Se colocan los niños formando una circunferencia. Uno de ellos se sitúa en el centro del círculo con un disco en la mano o con la tapa de una cacerola.

Cada niño, incluyendo al del centro, toma el nombre de una fruta.

Hecho lo anterior, el niño del centro agarra el disco y lo hace girar en el suelo, al mismo tiempo que dice el nombre de una fruta de las que él sabe de antemano que hay en la circunferencia. Al decir, por ejemplo, mango, el niño que tiene ese nombre corre al centro y trata de tomar el disco antes de que se detenga. Si lo logra, vuelve a su puesto y el que estaba al centro repite el juego. Pero si aquél pierde, pasa a ocupar el lugar del que está al centro y éste va a la circunferencia.

Este juego motiva a los niños para investigar cuáles son las frutas del lugar.

Las hierbas

Los niños están de pie o sentados en círculo. Primero eligen entre ellos a un vendedor y luego, si hay gran número de participantes, escogen a los compradores, los que una vez seleccionados, se alejan del círculo. Si hay pocos niños, el comprador puede ofrecerse voluntariamente, o también puede ser elegido por los jugadores.

El vendedor da a cada niño el nombre de una hierba o planta y después comienza a vocear y a elogiar sus mercaderías.

—¡Plantas, plantas!

Se acerca el comprador y pregunta:

—¿Sus plantas son frescas?
—Hoy mismo las traje del campo.
—Deme albahaca.
—Se la comió la vaca.
—Deme tomillo.
—Me lo robó un pillo.
—Deme manzanilla.
—Le va a hacer en la nariz cosquilla.
—Deme hojas de laurel.
—Todas se las llevó Ariel.
—Deme perejil.
—Tendrá que volver hasta abril.

Cada vez que el comprador menciona una planta que no está en el mercado, tiene que entregar al vendedor una "prenda". En el momento en que nombra una hierba que está en venta, el niño nombrado sale y se coloca detrás del comprador.

Después que ha nombrado un número de plantas igual al doble de niños que hay "en venta", cuenta las que compró y por cada una que ha sido adivinada, se le devuelve una de las prendas que ha entregado.

Comienza el juego otra vez, con diferente vendedor y otro comprador y cambiando los nombres de las plantas para los nuevos jugadores.

Al final, las "prendas" no devueltas deben ser rescatadas por sus dueños, en varias formas, por ejemplo: haciéndoles contar hasta cien muy lentamente, obligándoles a dar un terrible salto o con castigos similares.

El niño que representa al vendedor tiene que demostrar viveza por la rapidez de sus contestaciones, usando su imaginación; al mismo tiempo, sus respuestas deben tener sentido.

Las ranas y la lagunita

Edad. De seis a nueve años.

Organización. La lagunita será un círculo trazado en el suelo. En el interior, disponer algunos circulitos, cada uno de los cuales llevará un número diferente. La reina de las ranas será designada por sorteo. Las otras son ranas sin título ni corona. Los jugadores se colocan en fila detrás de la reina y todos se inclinan como las ranas en descanso.

La reina grita la señal, croa y salta en el círculo número uno, luego en el dos, y así sucesivamente. Después el jugador que sigue se pondrá en el número uno, luego en el dos, etc.

El que se cae o falla al alcanzar el círculo respectivo, sale del juego. Cuando llegan al último número, los jugadores que no cometieron error alguno hacen un nuevo evento. Gana el que comete menos errores.

Nota: Se pueden poner de acuerdo para que la segunda vuelta sea en un pie para descansar un poco.

Son las doce de la noche

Edad. Seis a nueve años.

Duración. Diez minutos.

Número de jugadores. Diez.

Organización. Un jugador es el zorro y los demás, las ovejas. Una de las esquinas del terreno es la casa del zorro; mientras que la esquina opuesta es el corral de las ovejas.

Reglas. Al principio del juego, el zorro y las ovejas abandonan su casa. Las ovejas se dispersan por el terreno, acercándose lo más que pueden al zorro.

Las ovejas preguntan al zorro: ¿qué hora es? El zorro contesta, por ejemplo: "son las cuatro" o "las siete".

Pero, cuando el zorro contesta "son las 12", todas las ovejas huyen hacia el corral, mientras el zorro las persigue. Las ovejas atrapadas ayudan al zorro y la oveja que queda al final, pasa a ser el zorro del juego siguiente.

Zoograma

Pon nuestros nombres donde corresponde, y la columna marcada te indicará la ciencia que nos estudia.

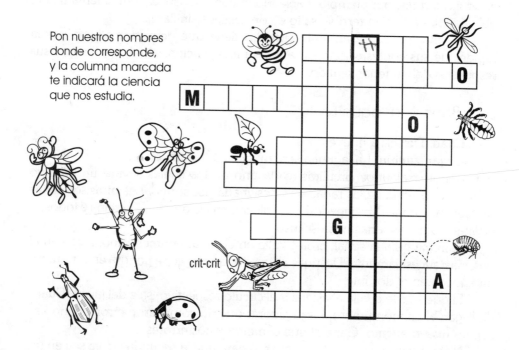

crit-crit

Juegos para el aprendizaje de las Ciencias Sociales

Diversos son los juegos que se deben utilizar para el aprendizaje de las Ciencias Sociales:

- Especificaciones o dramatizaciones

- Crucigramas

- Entreletras

- Títeres y marionetas

- Radio y grabaciones

- Juegos con símbolos visuales, croquis

- Juegos en maquetas, etc.

Aire, tierra y mar

Objetivos:
- **Generales.** Desarrollar la atención y la memoria.
- **Específicos.** Saber qué animales son de aire, tierra y mar.

Organización. Formación en círculo, tomados de la mano; el profesor se coloca dentro del círculo.

Desarrollo. El profesor, señalando a un alumno, dice: *tierra*, éste tiene que responder con el nombre de un animal que vive en la tierra, de la misma forma, indicará a otro jugador: *aire*; y posteriormente, a otro: mar; si no contesta o se equivoca pasa a reemplazar al del centro.

Variación. El alumnado se divide en equipos colocados en columnas, que tomarán los nombres de *mar, tierra* y *aire*; el profesor llamará: *aire*, y un alumno del equipo respectivo se presentará ante él y responderá a una pregunta de navegación aérea; si responde correctamente anotará un punto para su equipo.

Carrera del hombre aseado

Se colocan en media pista tantas palanganas, jabones, toallas, espejos y peines como competidores hay.

Los jugadores deben correr a lavarse la cara, las manos y peinarse antes de llegar a la meta.

Gana la carrera el que llega a la meta en menos tiempo, siempre que esté correctamente peinado y diga:

"Agua, peine y jabón, qué buenos son".

Carrera de Patagonia a Canadá

Los alumnos se formarán en dos columnas para realizar la competencia. La primera carrera la realizarán en la siguiente forma: los jugadores de ambas columnas iniciarán la carrera enumerando los principales países, desde Patagonia hasta Canadá, en orden y sin omitir alguno. Cada alumno dirá un país. Gana la carrera la columna que no se haya equivocado o la que menos errores tenga.

La segunda carrera se realizará con el propósito de conocer las capitales que hay desde Argentina hasta Canadá. También en la misma forma, sin equivocarse ni pasar una capital por alto, quien lo haga, pierde la carrera.

La tercera carrera se hará con la intención de conocer las islas, si se quiere con el mismo procedimiento.

La cuarta carrera se hará con el objeto de conocer ríos y valles interesantes de cada país de América, además de las ciudades importantes. Así, por ejemplo, el alumno dirá: "el avión está pasando sobre la isla de Galápagos", pero en orden, fijándose en el niño los conocimientos de una manera sólida, y a manera de juego, antes que aprender aisladamente, lo cual le será más fácil. Para no mecanizar a los alumnos, se puede cambiar el orden de las carreras.

Concurso de recolección

Organización. Formación en círculo dividiendo a los jugadores en dos grupos iguales, numerándolos (impares a un grupo, pares a otro). Al centro se coloca cualquier clase de objetos (piedrecitas, cuadernos, lápices, bolitas, etc.) en número impar.

Desarrollo. A una señal dada, cada grupo corre hacia el lado contrario del otro y recogerán los objetos esparcidos en el suelo, ganando el grupo que recoja más.

Puede variarse colocando los dos grupos frente a frente, en dos filas, a una distancia de 10 metros, más o menos, y los objetos en medio de ambos, pudiendo correr todos los jugadores a la vez o de dos en dos. En este último caso, luego que han recogido los objetos vuelven a colocarlos en su lugar. Siempre ganará el bando que consiga más, sumándose el número de objetos recolectados.

En caso de jugarse en un jardín o en un bosque, puede ser más ameno el juego si se designa determinado objeto para recolectar, pudiendo buscarlo los jugadores por donde les plazca. Se puede indicar el final del juego con un pitazo, volviendo los niños al lado del profesor o a sus respectivos emplazamientos, para hacer el recuento de lo recolectado.

Crucihistoria: Simón Bolívar

HORIZONTALES

1. En 1819, Bolívar proclamó la República de Colombia, que comprendía Nueva Granada y...

2. En Caracas fue proclamado...

3. Nombre de la provincia que en 1822 se incorporó a la Gran Colombia.

4. Nombre de la batalla en la que Perú fue liberado de la Corona española.

VERTICALES

1. Apellido del lugarteniente más ilustre de Bolívar.

2. Ciudad que dio nombre a la carta en la que Bolívar justificaba las razones de la emancipación americana.

3. En su marcha al territorio colombiano tuvo que atravesar la Cordillera de los...

4. El Alto Perú quedó constituido en república, que tomó en honor del *Libertador,* el nombre de...

5. País que abolió la Constitución boliviana, por lo que Quito se constituyó en república independiente.

Descubrimiento de América

```
W A Q S A M I U B A N D E T A S C O A N O R F R
S T H L K A O B O L O G N E S I B A T A L U D A
C B N J P Q H E R O E Z M O R O R E R A A L E S
Q H V B Y H R T E N M O G E N O V A R I C O T C
E X D J F S N T M P I S O M L K C H M C H O S H
E S A C R I L O S R M Ñ N O P T I A S A M P I S
F A S A C R I F L S E J A I V I O S I N T O S H
A R O S S A N O R O C M E X I O A D R A N N L D
T L A M P I Q E T O C A C A T P     M E A T D
N O M L A E S P A Ñ O L A M O T     S I T S
A Q X I T S O P R I T P A B L M     Z A R B
S R R A R P D O O A A A E B H I     F G I N
E S L I O A I R P C C N J K O O     A A N T
D R A G D Ñ N I C A R A G U A T A A B B K C I R
S T I N R A D T Ñ P B M B A M X S O D A L E D E
E Z S T I D I N E M O A Ñ T L O Z I C B E X A S
N T A V G U A N A H A N I N L T L L R U H G D C
O U B W O Ñ S P O A N W H A I M J T O C O A B A
I S E R D Q C U Ñ I O V P D L I J E D I N G H R
C M L L E X N E I T J E K B H C K L I M D D N A
A Ñ A Q T Y P R Q I D R U R S D G T R U U C A B
L K V E R B U T C O W J T O X I F T B Y R Z T E
U A J Z I B W O T I P Q R D S L A R U B A C D L
T E I F A Z G R E Y E S C A T O L I C O S H Z A
I H J K N L E I M H N Ñ O V E D P P S R C B Q S
P R G S A U T C G U E V W L X A Y U E I Q Z A Z
A A Z Y P B X O T C R F H A I L F L D N D Y J F
C O S T A R I C A F V C M S D L V A B O W X P H
      F E W K A L B Q S J N I A E N D C E D Ñ R
      C W C T J A M A I C A L V M T X O Ñ G D E
      A A A V P T Q A R B S V E N E Z U E L A C
      F H Q C S T D R Z Q E N F Z R Y S O T B A S
      M Y T U C S A N T I L L A S M E N O R E S
```

Cristóbal Colón
Capitulaciones de Santa Fe
Santa María
Puerto de Palos
Almirante
Niña
Tres carabelas
Génova
Corona
Indias
Tripulante
La Isabela

Reyes católicos
Octubre
Rodrigo de Triana
San Salvador
Haití
Cuba
La Española
España
Descubridor
Antillas Menores
Puerto Rico
Isla Trinidad

Orinoco
Venezuela
Honduras
Nicaragua
Costa Rica
Panamá
Valladolid
Viajes
Jamaica
Guanahaní

El correo

Para niños de ocho a 12 años de edad.

Se forman dos columnas de niños a los costados de una pista, con una distancia de 15 o 20 metros, entre una y otra.

Luego de formadas las dos columnas, se entrega a los dos primeros un silbato y un cesto con comestibles, y se da la señal de partida.

El primero que lleva los objetos, antes de llegar al segundo, a unos cinco metros, toca el silbato en señal de alerta, éste toma los objetos y corre a entregarlos al tercero, y así sucesivamente. Lo mismo harán los de la otra columna, y el ganador será aquel grupo que entregue primero los objetos a un niño ya nombrado o al profesor, el que se pondrá a unos 15 o 20 metros del último niño.

Constituyen faltas, no tocar el silbato antes de entregar los objetos al siguiente compañero, no estar listos y en su sitio, correr antes de tiempo. Las faltas se castigan descontando puntos al grupo que las comete; y en caso extremo, sacando al niño de la columna.

El día y la noche

Organización. Dos equipos de igual número de jugadores colocados en fila en el centro del campo, separados por dos metros y de espaldas. Uno será el "día" y el otro la "noche", y también "cara" y "sello".

Desarrollo. El profesor lanza una moneda al aire y dirá cara o sello; según el resultado, el equipo aludido debe perseguir a los jugadores del otro bando, procurando tocarlos. Los que hayan sido tocados antes de llegar al límite del campo, irán engrosando las filas contrarias. También se puede variar el juego, separando a los tocados. Gana el juego el equipo que quede con mayor número de jugadores. Este juego estimula la rapidez en las reacciones y la precisión en los movimientos.

¡El mar está agitado!

Objetivos:
- Cultivar la rapidez y precisión en los movimientos.
- Conocer el nombre de los peces.

Medios. Patio de recreo, tiza.

Organización. Formar un círculo grande, con los alumnos. Cada jugador marca su sitio en el suelo y escribe el nombre del pez que desee ser, de acuerdo con el profesor (quien también puede escribir los nombres). Se designará un niño que hará de jefe y será el pescador.

Desarrollo. El pescador corre por fuera del círculo, alarmado, diciendo: "¡el mar está agitado!", "¡el mar está agitado!", etc.; de pronto llama a un pez cualquiera y el niño que tiene este nombre en el juego, sale de su sitio y corre tras el pescador, repitiendo la frase advertida (el mar está agitado); después llama a un segundo, luego a un tercero, etc.; así se va formando una columna y cuando todos han sido llamados, el pescador, siempre a la cabeza de la columna y a paso ligero, se aleja del círculo y súbitamente grita "¡el mar está en calma!", entonces todos los jugadores corren a ocupar su lugar y por fuerza uno se quedará sin puesto. Éste hará de pescador en el juego siguiente que se iniciará otra vez.

Hago mi maleta

El primer participante dice: *estoy haciendo mi maleta para irme a París y pondré en ella un cepillo de dientes*, o cualquier otro objeto que se le ocurra. El segundo dirá: *pondré un cepillo de dientes y un sombrero*; el tercero, *un cepillo de dientes, un sombrero y un peine*. Y al avanzar el juego, cada participante deberá repetir por orden los objetos ya mencionados y agregar uno propio. El que comete un error queda eliminado, y el que dura más tiempo es el vencedor.

Identificación

Identifica cada pieza e indica a qué cultura prehispánica pertenece.

Coloca el número que la señala en el círculo correspondiente.

Los trabajadores

Objetivos. Afianzar conocimientos sobre los diferentes oficios.

Medios. Patio de recreo o salón de clase.

Organización. Se divide a los alumnos en dos grupos, uno para que imite algún oficio y el otro para que adivine el nombre del mismo.

Desarrollo. El grupo de los alumnos que va a adivinar se aleja lo suficiente como para no captar lo que acuerda el otro grupo, mientras tanto éste se pone de acuerdo y escoge un trabajo, estudiando los gestos que deben hacerse para representarlo.

Un jugador de este grupo comienza a representar por medio de mímicas un oficio determinado. Si, por ejemplo, el trabajo escogido es el de minero simulará realizar labores propias de éste. Si fuera de jardinero, puede imitar el gesto de podar los arbolitos. Si fuera de profesor tratará de imitar los gestos de una persona que está dictando clase y el resto del grupo tomará la actitud de los que atienden una explicación.

Si ninguno del grupo adivinador da con el nombre del oficio que se está representando, entonces el que lo representa dirá en voz alta cuál es el oficio. Continuará otro del mismo grupo imitando un oficio distinto. Así sucesivamente, hasta que los del grupo contrario adivinen cada oficio.

Qué vecinos quieres

Organización. Formación en círculo sin tomarse de las manos. Un niño se colocará al centro.

Desarrollo. El del centro se paseará por el círculo y preguntará a cualquiera: ¿Qué vecinos quieres? Al nombrar éste a dos compañeros lejanos a él; éstos correrán a colocarse a sus costados, mientras que los niños que son sus vecinos correrán a ocupar los puestos vacantes, momentos que aprovechará el del centro para tratar de ocupar un lugar vacío. El que queda fuera repite el juego. Infracciones: dirigir el juego sin viveza o correr sin haber sido nombrado.

Ronda: "Indiecito"

Los niños se colocan en círculo, como para toda ronda; un niño se coloca al centro del círculo y hace de indígena, éste tendrá cerca de él varios cartoncitos de colores.

Ronda: (De la mano y dando vueltas, cantan el trozo que aparece a continuación).

"Hermanito, hermanito ven conmigo a jugar,
esta ronda, ronderita, del país que es tu hogar.

Niño indígena: (Cantando contesta a la ronda)

Amiguito, amiguito, voy contigo a jugar,
si el color del cartoncito, llegas tú a adivinar.

Concluye el canto, el niño indígena muestra a la ronda un cartón de color; la ronda rápidamente contesta el color del cartoncito, y se reinicia el juego.

Esta ronda ha sido preparada para Educación Inicial, con el fin de:

1. Hacer el reconocimiento de los colores.

2. Afianzar el concepto en el niño de que el indígena es nuestro hermano.

3. Contribuir al desarrollo artístico del niño y al enriquecimiento de su vocabulario.

4. Llevar al niño momentos de esparcimiento.

Juegos para la enseñanza de las Matemáticas

Características de los juegos aritméticos

1. Características de un buen juego:

   a) Ser interesante para los niños.

   b) Que la mayoría pueda participar.

   c) Que se comprenda fácilmente.

   d) Que el maestro no pierda mucho tiempo en su preparación.

   e) Que facilite una repetición rápida.

2. Sugerencias:

   a) Es recomendable exigir a los niños solamente las contestaciones.

   b) No debe perderse la disciplina en las clases.

   c) Los juegos pueden presentarse en el salón en la pizarra, en cartulina o en papel de estraza; si es posible con colores vistosos. Algunos de ellos pueden llevarse a cabo en el patio.

Carrera de los números

Organización. Formación de dos o más columnas, numerando a cada jugador del uno al diez y colocando a los participantes a la misma altura. Entre columna y columna habrá tres o cuatro metros de distancia y el director del juego se colocará delante de ellos.

Desarrollo. El director dice un número, por ejemplo: "siete". Los niños que tienen este número corren alrededor de su columna hasta volver a su sitio;

el que llega primero gana un punto. El director seguirá llamando a los otros números y ganará el bando que tenga mayor puntaje. No deben adelantarse en la salida, no dar la vuelta completa, ni agarrarse de los compañeros; de hacerlo pierden puntaje.

Cuadros mágicos

Este juego se compone de un cuadrado grande que el profesor dibuja en el pizarrón, dividido en nueve cuadrados iguales. Fuera del cuadrado el profesor escribe los nueve números dígitos, con el objeto de evitar confusiones en el alumno.

Luego, el profesor invita a los alumnos a que en su cuaderno tracen un cuadrado semejante y explica que en cada uno de los cuadraditos deben colocar un número de los nueve, pero de tal suerte que la suma de los números de las columnas verticales, dé 15; que la suma en cada una de las horizontales sea 15 y, finalmente, que al sumar las diagonales igualmente resulte 15.

El juego puede desarrollarse en forma individual o en equipos, para lo cual se divide la clase en dos o tres grupos.

Una variante del cuadrado mágico es la que aparece en el segundo dibujo; se dibuja el cuadrado y se escriben algunos números en las casillas para que los alumnos completen con números las casillas en blanco, indicando antes, el resultado de la suma que en este caso es 42.

Como se puede apreciar, los alumnos tienen que hacer ordenadamente una serie de operaciones de suma y de resta para hallar el resultado.

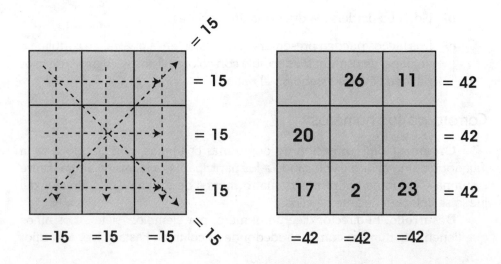

Dibujar jugando con cuadrados

Jugando con cuadrados dibuja otras figuras.

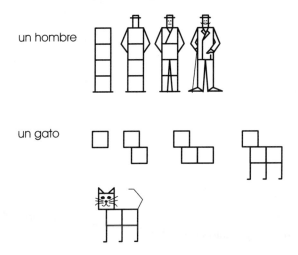

Dominó

Coloca las fichas de dominó en los espacios en blanco de tal forma que sumados sus puntos den el mismo resultado que se indica.

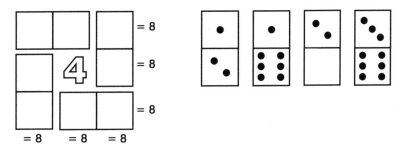

Completa con puntos la relación:

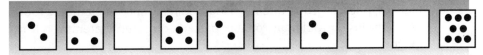

El ejercicio del día

Un niño cuenta sus juguetes de 6 en 6 y le sobran 5; si los cuenta de 5 en 5 le sobran 4, y si los cuenta de 4 en 4 1e sobran 3. ¿Cuántos juguetes tiene, sabiendo que tiene menos de 80?

El río

Hay una serie de piedras colocadas a propósito para poder pasar. El alumno intenta ir hacia la orilla opuesta, y si contesta bien habrá logrado su objetivo, si acaso vacila estará a punto de caer al agua, y si se equivoca, habrá caído.

El tren matemático

Para este juego se hacen previamente en la pizarra, dos estaciones de tren con sus respectivas líneas que terminan en una meta; hasta donde hay, a manera de obstáculos, varios ejercicios o problemas de aritmética de las cuatro operaciones fundamentales u otros problemas o ejercicios, de acuerdo con la edad mental y grado de estudios de los niños.

1. Se divide a los niños en dos grupos de diez o más, cuidando de que haya más niños que el número de ejercicios escritos o por escribir para la competencia.

2. Irán a la pizarra en orden; de 1 en 1, uno de cada grupo, los que empezarán la competencia matemática y resolverán el primer ejercicio que encuentren a la salida del tren.

3. Luego de haber resuelto el primer obstáculo, entregarán la tiza y el borrador (mota) al niño que le sigue de su respectivo grupo.

4. Este niño borrará el ejercicio resuelto por su antecesor (si está correcto) y ejecutará el ejercicio u obstáculo que sigue, para darle la mota y la tiza al niño siguiente de su grupo, éste realizará el mismo procedimiento.

5. Si uno de los participantes no hace bien el ejercicio, no tendrá la opción de hacerlo de nuevo, cederá su lugar al que le sigue para que lo ejecute; lo que significa que ese grupo habrá perdido una reserva.

6. Ganará, pues, el grupo que haya logrado realizar correctamente todos los ejercicios o problemas, para el paso de otro tren matemático (otro juego).

En pareja

Todas las filas señaladas con letras, forman cuatro parejas con símbolos seme-jantes. Indique usted cómo estan formadas las parejas y cuál es la fila que no tiene par.

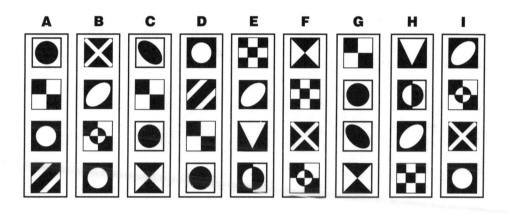

Identificación

Un número se repite ¿cuál?

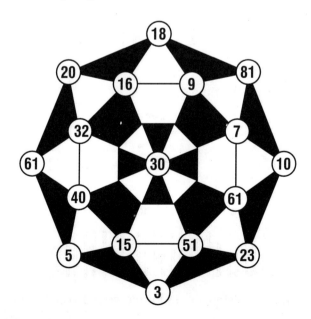

Juegos con palitos de fósforos

¿Puedes sacar ocho fósforos y dejar ocho?

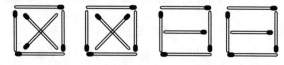

¿Pueden ser 14 fósforos igual a cinco?

¿Te animas a formar con ocho fósforos cuatro triángulos y un cuadrado?

¿Cuál es el número más grande que puedes formar con cuatro fósforos?

¿Pueden ser tres igual a nueve?

Con 24 fósforos forma nueve cuadrados.

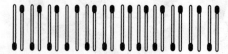

Después saca ocho fósforos para formar sólo dos cuadrados.

Juegos con tarjetas

El maestro debe dedicar de cinco a diez minutos diariamente a la enseñanza de las operaciones matemáticas, empezando con objetos reales (manzanas, dados, pelotas, etc.). Cuando los niños han tenido suficientes experiencias con dichos objetos, el uso de las tarjetas es muy valioso para realizar ejercicios de las operaciones ya aprendidas.

Las tarjetas que se emplean deben tener por lo menos cinco centímetros de ancho por diez de largo. Se pueden hacer con cartulina o con papel de estraza (éste último se pega a un cartón), y con ellas puede hacerse una variedad de juegos.

Se recomienda poner en una sola tarjeta las dos combinaciones correspondientes, por ejemplo, en un lado estará 2 × 5 y en el otro 5 × 2.

Los ejercicios deben presentarse a los niños en forma gradual y de acuerdo con su nivel escolar.

A continuación se muestra un juego con tarjetas, y el ingenio del maestro puede crear otros.

La juguetería

El maestro dirige el juego. Éste se realiza con varias tarjetas que por un lado tienen el dibujo de un juguete conocido por los niños y, por el otro, una operación matemática (5 × 4; 6 × 3; 7 × 4; 4 × 6; etc.)

El maestro muestra a los niños una operación preguntando: ¿Cuánto cuesta este juguete?, y el alumno que diga la respuesta correcta de la operación obtendrá la tarjeta.

Gana el niño que junte más tarjetas o "juguetes".

Variaciones:

1. El maestro muestra una operación a un niño y éste da la respuesta. Si es correcta, obtiene la tarjeta y sigue jugando. Si es incorrecta, pierde su turno.

2. Se escribe un resultado en la pizarra, y los niños van, por turnos, a colocar una combinación correspondiente.

3. El maestro muestra tres tarjetas y pregunta: ¿Cuál de las sumas da 7?

Jugar con doce líneas y un punto –creatividad

Con esta referencia, dibuja seis figuras más.

La escalera de la muerte

El juego consiste en dividir a los alumnos del aula en dos o tres grupos concursantes.

Se elige a un jugador de cada bando para que sume o reste, el que se equivoca, cae de la escalera y muere, abandonando el juego.

El grupo que tiene menos muertes, gana.

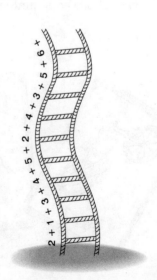

La lotería
de la multiplicación

Este juego es un valiosísimo material didáctico, para los alumnos del tercer grado, facilita enormemente el aprendizaje de la tabla de multiplicar.

La lotería de la multiplicación se compone de cartones del tamaño de la lotería común, donde se hallan marcados los resultados de las diferentes tablas de multiplicar... se tendrá cuidado de colocarlos salteados, procurando que la primera columna sea para las unidades y primeras decenas; la segunda para la tercera y cuarta decena; la tercera para los números comprendidos entre 50 y 60 etc.; en el cartón de control se escriben en forma ordenada las tablas completas. Por ejemplo, del 2 al 9, por ser las más importantes.

Las fichas de este juego serán cartoncitos más pequeños donde se hallan marcados los números que se multiplican, sin el producto, por supuesto. Estos cartoncitos se pondrán en una bolsa. Ejemplo: 6×3; 4×8; 9×7 etc.

Un jugador sacará de la bolsa dichas fichas y las leerá en voz alta. Los niños que toman parte en el juego buscarán en sus respectivos cartones el producto o resultado de la multiplicación de los números enunciados. Por ejemplo, se leyó 4×5 y los alumnos buscan y señalan el 20 en sus cartones, si es que lo tienen, con maíces, frijoles, etc.; gana el que llena primero su cartón.

La moneda que se pega

Se elige a un jugador y se le pega una moneda (previamente mojada en agua) en la frente; se le hace una pregunta matemática, por ejemplo: ¿cuántos son dos por dos?, u otra por el estilo, y el interrogado responderá con un número de movimientos de cabeza correspondiente a la respuesta correcta.

Se elimina al jugador que deje caer la moneda antes de terminar de dar la respuesta correcta.

La superficie del reloj

Tienes que trazar una línea recta en la figura mostrada, para dividir la superficie del reloj (representado) en dos partes.

La suma de todos los números de cada parte dividida, debe ser la misma. ¿Qué trazo se tendrá que hacer?

La tabla mágica

Consiste en dar el resultado inmediatamente después de tener algunos datos en la tabla. Se hace en forma de un diálogo para su mejor comprensión.

Lucho: Pepe, piensa un número del 1 al 15.
Pepe: Ya pensé.
Lucho: Fíjate bien en qué columna está el número que has pensado.
Pepe: Está en la primera y cuarta columnas.
Lucho: Pensaste el número 9.
Pepe: ¿Cómo lo sabes?

Lucho: Muy fácil; como tú has dicho que el número que pensaste está en la primera y cuarta columna, lo que hago es sumar los primeros números de dichas columnas, que en este caso es 9.

I	II	III	IV
1	2	4	8
3	11	5	9
5	6	6	10
7	15	7	11
9	10	14	12
11	3	15	13
13	14	12	14
15	7	13	15

Las carreras

Se traza un hexágono en el patio de juego; el punto de partida es el ángulo inferior, y la carrera la efectúan dos alumnos que corren en dirección contraria y chocan con otros dos compañeros. Con un número y signo anotado en el centro de la figura y los demás a su alrededor, se forman combinaciones, como se muestra en la gráfica, dando las contestaciones a medida que se avanza en la carrera; el ganador será el que llegue primero sin haber cometido errores. También podrá darse el triunfo al que cometa menos errores porque es posible que los dos se equivoquen.

Variación. Este juego puede llevarse a cabo simuladamente en el pizarrón. Podrían ponerse bases en el lugar que ocupen los números.

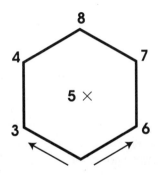

Las fichas numéricas

Colocar las cifras del 1 al 8 en cada cuadradito de los rectángulos mostrados (sin repetir).

La suma de las cifras de cada rectángulo debe ser la misma.

¿Cuál es la posición de estos números?

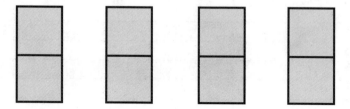

Las tejas

Descripción del juego. Se dibujan en el suelo de la sala de clase o del patio los cuadrados necesarios, teniendo cuidado de que todos sean del mismo tamaño; luego en las divisiones interiores se escriben los números que el profesor considera apropiados para la ejercitación de la suma.

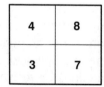

9	6	7
5	3	1
4	2	8

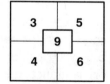

Los dibujos que anteceden pueden servir de guía al maestro. El número de componentes de cada equipo, se fija entre los capitanes de cada bando, de común acuerdo; o pueden ser designados por el profesor.

Cada equipo debe estar provisto de un jefe. Pueden usar discos de plomo o de cualquier otra materia pesada, del mismo tamaño.

Los capitanes son los encargados de llevar el control oficial del juego y de velar porque se cumplan las reglas. Ellos acuerdan la distancia desde la cual se deben arrojar las tejas. A la distancia convenida se traza con tiza una línea recta, desde la cual y sin pisarla deben lanzar las fichas.

Reglas. La marca será el número de puntos indicado en el sitio donde cayó. Toda teja que cae fuera del cuadrado se considera perdida y se marca cero al que la arrojó. Cuando una teja cae entre dos líneas se marca la de mayor valor. Si la teja sólo toca la línea, no se considera comprendida en el caso anterior.

Cada alumno anota en su lista los puntos que hace cada integrante de su equipo, así como los del equipo contendiente.

Numerales

Tienes que usar adecuadamente números de una sola cifra, hasta llegar a los resultados correctos que aparecen al final de cada operación.

	−	3	+		=9
+	■	+	■	−	■
	+		−		=0
−	■	−	■	+	■
	+		−		=1
=9	■	=3		=2	■

Pescando

Se designa a un alumno para llevar a cabo el juego, y las contestaciones correctas que éste dé, dirán el número de peces que ha conseguido. Puede simularse una laguna, un acuario, un río, etc., en donde aparezcan varios peces con combinaciones matemáticas como en el dibujo.

Problema deportivo

Dos automóviles salen de la Ciudad de México a Cuernavaca. Parten a las nueve de la mañana. El primero llega a su destino en hora y cuarto, y el otro en 75 minutos. ¿Cuál de los dos ha empleado menor tiempo en llegar? Responder en 30 segundos, o si no, pierde.

Reventando globos de hule

El alumno formará una combinación con el número que aparece en cada globo y un número y un signo que pondrá a la izquierda, dando al mismo tiempo la respuesta; si ésta es correcta, reventará el globo. Continuará con los números de los demás globos y cada vez que conteste bien reventará uno.

Rompecabezas: ¿puedes formar un cuadrado?

Esto es muy fácil, sólo tienes que unir cuatro de las seis piezas para formar un cuadrado. ¿Cuáles son esas piezas?

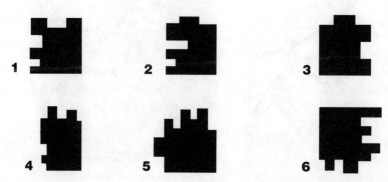

Serie

Las figuras A y B tienen relación. Asimismo, la figura C está relacionada con una de las cuatro figuras numeradas de abajo. ¿Con cuál de ellas se relaciona la figura C?

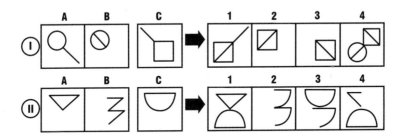

Sumas

Debajo de cada resultado hay dos casillas cuyos números sumados dan dicha cantidad.

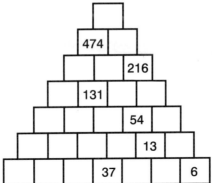

Sumar y restar

Objetivos. Ejercitar al niño en la solución de ejercicios de sumas y restas.

Medios. Tarjetas con operaciones de adición o sustracción.

Organización. Los niños se dividen en dos equipos: En el pupitre del profesor hay una caja con cartones en los cuales están escritas operaciones de suma y resta.

Desarrollo. Sale un jugador por cada equipo, saca un cartón y luego dice el resultado de la operación indicada; si es acertada gana un punto para su equipo. Triunfa el equipo que mayor número de puntos acumule.

Un lindo problema

Cada niño debe poseer nueve tapitas. Sobre su mesa deben colocar las tapitas de tal manera que formen diez filas de tres tapitas cada una.

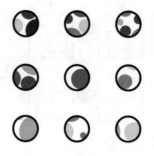

Juegos de psicomotricidad

Carrera circular

Círculo de jugadores. Un participante corre alrededor del círculo y da una palmada a otro, el cual debe salir corriendo alrededor del círculo también, pero en dirección opuesta. El que llega primero al lugar libre, lo ocupa, en tanto que el otro pasa a tocar a un tercer jugador, y así sucesivamente. Cuando se encuentran los dos corredores, el que palmeó al segundo debe correr por fuera.

Carrera en círculo

Círculo grande de jugadores, los cuales se numeran del uno al tres, formando equipos. Cuando el director del juego dice un número, los llamados salen corriendo alrededor del círculo, a la derecha, tratando de rebasar a los demás corredores. Los que son rebasados quedan eliminados de la carrera y deben volver al círculo. El que logra rebasar a todos, resulta ganador.

Variaciones:

a) Sin eliminación: Cada vez que un jugador rebasa a otro, su equipo gana un punto.

b) El director de juego puede dar una señal, a la cual los corredores deben cambiar la dirección de su carrera.

c) En vez de eliminar al que es rebasado, queda fuera de juego el que lo rebasó, con lo cual se determina el corredor más lerdo.

El guardián del puente

De seis a 20 jugadores. En el centro del campo de juego se marca una zona de seis por dos metros, que es el puente. Un jugador es su guardián, y a su grito de "¡Cruzar el puente!", los demás participantes tratan de atravesar esa zona sin ser tocados. Los que son atrapados por el guardián pasan a ayudarle en su tarea.

Variaciones:

a) El guardián dice el nombre de un mes y solamente los nacidos en ese mes deben cruzar el puente.

b) Los prisioneros pueden ser liberados por sus compañeros, pero sólo cuando un tercio de los jugadores haya sido atrapado.

Auuuuuuuuuu Grrrrrrrr

El hombre lobo

Terreno de diez m por 30 m. Entre diez y 30 jugadores que se colocan sobre una línea final. El "hombre lobo" está en el centro de la cancha y grita: "¿Quién teme al hombre lobo?" Todos gritan: "Nadie" y corren hacia el lado opuesto. Si el "hombre lobo" consigue dar tres palmadas a un jugador, éste se convierte en su compañero. Se continúa así hasta que el último participante sea tocado.

Variaciones:

a) El jugador tocado intercambia su puesto con el "hombre lobo" y éste pasa a integrar el conjunto de corredores.

b) Los prisioneros actúan como ayudantes y tratan de agarrar a los demás, pero sólo el "hombre lobo" tiene derecho a dar las palmadas .

c) Los jugadores deben ir hasta la línea opuesta, dar vuelta alrededor de una marca y volver al punto de partida.

d) El "hombre lobo" y sus ayudantes se colocan detrás de una de las líneas finales, mientras que los demás jugadores se paran detrás de la línea opuesta. A una señal dada ambos grupos van uno al encuentro del otro. Sólo se corre en caso de peligro. El "hombre lobo" no puede retroceder; los jugadores sí, pero no pueden pasar su línea final; los jugadores tocados por el "hombre lobo" pasan a ser sus ayudantes en el siguiente juego.

El oso viejo

De ocho a 20 jugadores, en un campo de diez por 20 metros; en una esquina se halla la cueva del oso. El oso sale de su cueva y trata de tocar a los demás participantes; si lo logra, se toma de la mano con el atrapado y salen de caza juntos. Los jugadores que sean aprisionados, forman una cadena con el oso, pero sólo éste y el del otro extremo de la cadena tienen derecho de toque. Si la cadena llega a romperse por acción de los demás jugadores, todos los osos deberán volver a la cueva.

Variaciones:

a) Si son más de ocho osos, se pueden formar dos cadenas de cuatro.

b) Los primeros pueden resistirse y tienen que ser llevados a la cueva por la fuerza.

El zorro en su cueva

De ocho a 24 jugadores. Los participantes se forman en hilera con las piernas separadas, formando así un túnel. Al lado del último de la fila se traza un círculo, y este jugador corre lo más rápidamente posible alrededor de la hilera, con un pañuelo en la mano.

Cuando regresa al punto de partida, lanza el pañuelo al círculo y pasa por entre las piernas de los demás participantes, comenzando por el último de éstos (como indica el dibujo), y cuando llega a donde está el primero, se coloca delante de él.

El último jugador de la fila toma el pañuelo y repite la acción que realizó el participante anterior.

El juego termina cuando haya corrido y pasado por el túnel el participante que, al comienzo del juego, encabezó la fila.

Guerra civil

De cinco a 20 jugadores. Se trazan cuatro líneas divisorias, a tres metros de distancia una de otra, en un campo rectangular de tres por 15 metros, de modo que queda dividido en cinco espacios de juego. Todos los participantes reúnen en el espacio uno y tratan de empujar a todos al espacio dos, de allí al tres, etc., de manera que quede un solo jugador, el ganador, en cada caso.

La gallina y el buitre

De cinco a 17 jugadores. Formarán hileras por parejas. El que está ubicado atrás se toma fuertemente de la cintura de su compañero. Un niño será el "buitre". El jugador delantero de cada pareja es la "gallina" que trata de defender a sus pollitos del ataque del "buitre" por medio de giros. El "pollito" tocado por el "buitre" pasa a ocupar el lugar de éste y el "buitre" hará de "gallina".

Variaciones:

a) Se forma una sola hilera larga de pollitos, con una sola gallina y un solo buitre.

b) El pollito atrapado queda eliminado.

c) Queda eliminado no sólo el pollito atrapado, sino también todos los que están colocados detrás de él.

d) El buitre tratará de eliminar solamente el último pollito.

e) El pollito cazado por el buitre se coloca detrás de éste, formándose así una cadena de buitres que corren detrás de los pollitos.

Lucha de serpientes

Dos equipos. Los jugadores se toman de las manos formando dos cadenas. La "cabeza" de cada serpiente trata de tocar la "cola" de la otra; el jugador tocado debe agregarse a la cadena enemiga.

Variación. Una sola serpiente, que trata de morder su propia cola, que el último jugador tratará de impedir. Sólo el último jugador puede defenderse.

Pescar

De diez a 26 participantes, agrupados en dos equipos en un campo de diez por 20 metros. "Peces" y "pescadores" se colocan sobre cada una de las líneas finales. Los "pescadores" se dan la mano para formar la red. A una señal, los dos equipos tratan de cambiar posiciones: los "pescadores", de la mano, sin soltarse, y los "peces" intentando escabullirse por los costados de la red; el que queda atrapado por la red es eliminado.

Variaciones:

a) Los "peces" atrapados juegan para el equipo contrario. Después de cada corrida, cambian de papeles.

b) Los "peces" pueden forzar el paso por la red. Si la red forma un círculo uniéndose ambos extremos y atrapando a todos los "peces", se termina el juego.

c) Los "pescadores" se distribuyen por la cancha sin formar red. Los "peces" tratan de alcanzar el lado opuesto sin ser tocados. Un toque de silbato a los 30 segundos indica la terminación de un periodo del juego. Cada "pez" que ha logrado llegar a la línea final significa un punto para su equipo.

Tareas para el lector

1. En las reuniones de padres de familia, en la escuela, intercambie criterios con los padres de familia, acerca de la importancia y prácticas del juego infantil.

2. A través de su hijo o alumno, investigue y coleccione los juegos preferidos por ellos, de acuerdo con el sexo, edades y asignaturas.

3. Explique qué entiende por educación integral y permanente. Dé algunos ejemplos aplicados en su escuela.

4. Juegue con sus hijos o alumnos y analice cómo entienden y practican el juego. ¿Le parece correcto lo que ellos hacen?

5. **Participe usted en el juego de sus hijos o alumnos y estimúlelos para su mejor desempeño.**

6. En la Escuela de Padres intercambie experiencias y conceptos referentes a los juegos por edades.

7. En el aula, emplee diversos juegos en cada asignatura, especialmente para reforzar los conocimientos no muy bien aprendidos.

8. Explique cómo debe educarse integralmente al niño por medio del juego.

9. Averigüe las normas que rigen cada juego de sus niños y la práctica de las mismas.

10. Sus alumnos practican solidaridad en sus juegos: ¿cómo?, ¿por qué?, ¿para qué?

11. ¿Que los niños tengan juegos específicos para cada sexo los ayuda o limita en su desarrollo personal?

12. Invite a sus hijos o alumnos a desarrollar crucigramas, juegos mate-
     máticos, rompecabezas, etc., que publican algunos periódicos o revis-
     tas y evalúe y supervise sus desempeños.

Soluciones

p. 81 Reto: El ala del sombrero; la caña de pescar; el dibujo de los troncos de los árboles, faltan gusanos; la rueda delantera de la bicicleta; el matorral bajo el árbol de la derecha.

p. 161 Baldosas iguales: La última de la primera fila y la segunda de la segunda fila.

p. 162 Camino de piedra: P-A-S-A-R

p. 165 Estrellas:

p. 166 Laberinto:

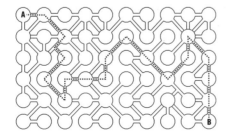

p. 166 Rompecabezas, pieza faltante: La pieza 4

p. 167 ¿Puedes formar una H?

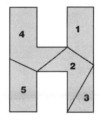

p. 167 Señala la pieza correcta: A-3 / B-9 / C-6 / D-11 / E-19 / F-10 / G-8 / H-23 / I-21

p. 169 Siluetas: La sombra es la figura 3

p. 169 ¿Qué dice?: Tango

p. 177 Arograma:

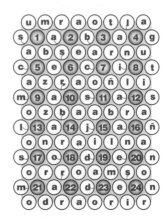

p. 178 Crucicuadros:

P	A	R	A	D
A	T	O	R	O
N	A	D	A	R
A	C	A	B	A
L	A	R	E	S

P	A	R	E	D
E	L	E	N	A
N	E	G	A	R
A	R	A	N	A
L	O	R	O	S

	A	B	C	D	E
A	R	A	M	A	S
B	A	R	O	M	A
C	M	O	R	A	N
D	A	M	A	R	A
E	S	A	N	A	R

p. 180 Pupiletras:

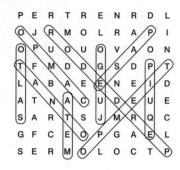

p. 180 Sílaba constante:

1	L	A	G	R	I	M	A
2	A	L	A	B	A	B	A
3	C	O	L	A	D	O	R
4	O	V	A	L	A	D	O
5	R	E	G	A	L	A	R
6	E	S	C	U	E	L	A
7	C	A	T	A	L	A	N
8	C	A	L	L	A	D	O
9	V	O	L	A	D	O	R
10	A	L	A	D	I	N	O
11	L	A	D	R	O	N	A
12	A	L	A	R	M	A	R
13	P	O	L	A	C	O	S
14	B	A	I	L	A	B	A
15	E	S	C	O	L	A	R
16	P	I	S	T	O	L	A

p. 179 Cruzados:

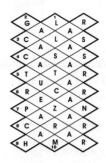

p. 179 La escalera diabólica:

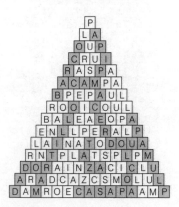

p. 184 Jeroglífico:

(REG)**LA** / **VER**(JA) / **DAD**(O) / **CU**(CHARA) / (C)**AN**(DA)**DO** / **ES**(CUDO) /
DU(ENDE) / (A)**LCE** / **PER**(R=**D**)**O** / **NA**(VAJA) **CU**(LEBR)**A** / (CÓ)**NDO**(R) /
(M)**ES**(A) / **A** / **MARGA**(RITA) / **CU**(ATRO) / **RA**(DIO)

> LA VERDAD CUANDO ES DULCE PERDONA.
> CUANDO ES AMARGA CURA.

p. 188 Vocales perdidas:

EL AMOR ES LA MÁS NOBLE DEBILIDAD DEL ESPÍRITU

p. 193 Las aves:

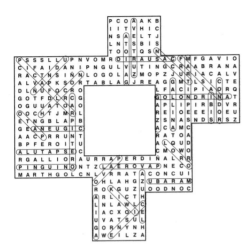

p. 196 Zoograma: Entomología
abeja - zancudo - mariquita -
piojo - hormiga - mariposa - grillo -
gorgojo - pulga - avispa -
cucaracha.

p. 200 Crucihistoria: Simón Bolívar

p. 201 Descubrimiento de América

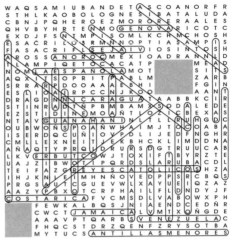

p. 203 Identificación: 1. Teotihuacana;
2. Olmeca; 3. Maya; 4. Tolteca

p. 208 Cuadros mágicos:

8	3	4
1	5	9
6	7	2

p 209 Dominó:

p. 210 **El ejercicio del día:** 59

$6 \times 9 = 54$ sobran $5 = 54 + 5 = 59$

$5 \times 11 = 55$ sobran $4 = 55 + 4 = 59$

$4 \times 14 = 56$ sobran $3 = 56 + 3 = 59$

p. 211 **Identificación:** 61

p. 212 **Juegos con palitos de fósforos:**

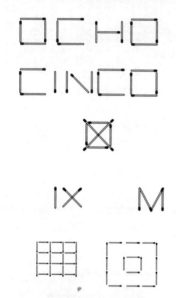

p. 218 **Las fichas numéricas:**

p. 219 **Numerales:**

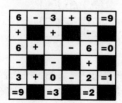

p. 220 **Rompecabezas:** ¿Puedes formar un cuadrado?

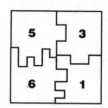

p. 221 **Serie:** I) 3; II) 2.

p. 221 **Sumas:**

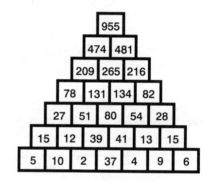

p. 222 **Un lindo problema:**

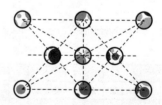

Bibliografía

Alava Curto, César, *Psicología General*, San Marcos, Lima, Perú, 1996.

Bauzer Medeiros, Ethel, *Juegos de Recreación*, CEPRE 2, 1971, Lima, Perú.

Cadenillas, Francisco, *Educación: Hacia una Escuela Peruana*, Lima, Perú.

Calero Pérez, Mavilo, *Escuela de Padres*, Editorial Abedul, Lima, Perú, 1996.

——, *Padre: ayuda a educarse a tu hijo*, San Marcos, Lima, Perú, 1995.

——, *Constructivismo*, Lima, 1997.

Causi, Teodoro, *Bosquejo de una teoría biológica del juego infantil*.

Cheateau, *Psicología de los juegos infantiles*, Buenos Aires, 1988.

Cleparede, *Psicología del niño y Pedagogía Experimental,* Madrid, España.

Decroly, Ovidio, *La actividad intelectual motriz por medio de los juegos educativos.*

Fernández Martínez, *Técnica de la educación física*, t. II, Perú.

Forgione, *Antología pedagógica universal*, México, 1986, t. II.

González A., Micaela, *Danzas, juegos y rondas para la escuela primaria.*

Hidalgo Valverde, Dantón, *Ortografía recreativa*, Magisterial, Lima, 1993.

Huizina, Johan, *Homo ludens*, Emecé Editores Buenos Aires, Argentina.

Jacome, Alfredo, *Rondas infantiles*, Kapelus.

Kawin, Ethel, *La selección de juguetes*, Claridad, Buenos Aires, Argentina.

Luzuriaga, Lorenzo, *Pedagogía*, Buenos Aires, 1982.

Medina, Miguel, *Cómo juegan los niños de todo el mundo*, Sopena, Barcelona.

Ministerio de Educación, *Estructura Curricular Básica y Guía Metodológica*, E.B.R., Lima, Perú, 1981.

Olortegui Miranda, Felipe, *Diccionario de Psicología*, Lima, Perú, 1995.

Oyola Romero, Víctor y Melquíades Hidalgo Cabrera, *Juegos Educativos*, Edición Gráfica Soto, Lima, Perú.

E60/E1/03

Esta edición se terminó de imprimir en julio de 2003. Publicada
por ALFAOMEGA GRUPO EDITOR, S.A. de C.V. Apartado
Postal 73-267, 03311, México, D.F. La impresión se realizó en
PRODUCTORA GRAFICA, Calle Capuchinas No. 378, Col.
Evolución, 57700, Cd. Nezahualcóyotl.